ɛV reinhardt

Christina Wagner

Schmeckt's?

Geschichten für Senioren rund um Essen & Trinken

Großdruck

Ernst Reinhardt Verlag München

Christina Wagner, vorm. Zieger, Amberg, verfasst als Mitglied einer Schreibwerkstatt seit vielen Jahren hauptsächlich kurze Geschichten für SeniorInnen.

Von Christina Wagner ebenfalls im Ernst Reinhardt Verlag erschienen: mit Andreas Ascherl: „Die Lieben des Lebens. Kurzgeschichten für Senioren zum Lesen und Vorlesen." (ISBN 978-3-497-02710-1, 2017) und unter dem Namen Christina Zieger mit Helga Blum: „Und immer wieder lockt das Leben. Kurze Geschichten für Senioren zum Lesen und Vorlesen" (ISBN 978-3-497-02581-7, 2. Aufl. 2017).

Bibliografische Information der Deutschen Nationalbibliothek

Die Deutsche Nationalbibliothek verzeichnet diese Publikation in der Deutschen Nationalbibliografie; detaillierte bibliografische Daten sind im Internet über <http://dnb.d-nb.de> abrufbar.

ISBN 978-3-497-02737-8 (Print)
ISBN 978-3-497-60688-7 (PDF)

Printed in EU
Covermotiv: © WavebreakmediaMicro / Fotolia
Satz: Sabine Ufer, Leipzig

Ernst Reinhardt Verlag, Kemnatenstr. 46, D-80639 München
Net: www.reinhardt-verlag.de E-Mail: info@reinhardt-verlag.de

Inhalt

Backe, backe Kuchen

Der Wecker war wie jeden Tag auf sechs Uhr gestellt, doch ein erneuter Blick auf das leuchtende Ziffernblatt bestätigt Marianne, dass es noch nicht einmal Fünf ist. Die vergangenen Stunden hatte sie sich ruhelos von einer Seite auf die andere gewälzt, möglichst leise natürlich, damit ihr Gatte nicht im Schlaf gestört wurde. Resigniert stellt sie den Wecker aus, steigt aus dem Bett und streift leise ihren Morgenmantel über das Nachthemd. Sie schleicht die Treppe hinunter. Im Erdgeschoss des Zweifamilienhauses befindet sich die Küche und Marianne denkt: Vor dem Trubel des heutigen Tages trinke ich erst einmal in aller Ruhe eine Tasse Kaffee.

All die Aufregung wegen der morgigen Hochzeit war in den vergangenen Wochen wie eine streunende Katze durch das Haus geschlichen. Marianne will, dass dieser Tag für ihre Tochter Eva der schönste Tag in ihrem Leben wird. Langsam drückt sie die Türklinke nach unten, um ein unnötiges Quietschen zu vermeiden, und geht in ihre Küche.

Marianne erschrickt! Vor ihr, im Dunkeln, kauert eine vermummte Gestalt am Küchentisch. Marianne öffnet den Mund, doch der Schrei bleibt ihr im Halse stecken. Die Person, die sich jetzt seelenruhig aufrichtet, mit der an ihr gewohnten Kochschürze und dem obligatorischen Kopftuch, ist ihre Mutter Resi.

„Bist du verrückt, Mama?“ Marianne flüstert mehr, als dass sie spricht. „Was treibst du denn mitten in der Nacht in meiner Küche?“

Resi wirkt sichtlich überrascht. „Was meinst du damit? Morgen heiratet doch die Eva. Heute kommen alle Nachbarn mit den Geschenken. Da müssen wir doch Kuchen backen.“

Marianne drückt den Lichtschalter und unter der runden Leuchtstoffröhre in der Pendellampe sieht Oma aus, als hätte sie einen Heiligenschein.

Resi blinzelt verwirrt: „Wann kommen denn die anderen?“

Marianne schüttelt den Kopf. „Es kommen keine anderen. Wir backen nicht! Das hätte ich dir doch gesagt, Mutter. Heutzutage gibt man einfach jedem, der ein Geschenk bringt, eine Flasche Wein und basta.“

Resi ist entsetzt: „Was werden denn da die Nachbarn sagen? Kein Kuchen! Die werden sich das Maul über uns zerreißen!“

Marianne schweigt. Sie wirft den Kaffeevollautomaten an, stellt eine Tasse unter den Auslauf und wartet. Dann nimmt sie den frischen Kaffee und setzt sich zu ihrer Mutter: „Du hast ja recht, Mama. Aber in der heutigen Zeit macht sich eben niemand mehr die viele Arbeit." Sie zupft sich am Ohr. „Außerdem habe ich niemandem Bescheid gesagt, dass ich Hilfe brauche. Wem auch, Mama? Ich bin dein einziges Kind und die Eva hat auch keine Geschwister."

Resi überlegt: „Wenn wir die Böden für die Obstkuchen und die Torten vom Bäcker holen, könnten wir es schaffen."

Marianne schweigt. So hat sie sich den letzten Tag vor der Hochzeit ihrer Tochter nicht vorgestellt. Gut, zum Friseur will sie erst morgen in der Frühe gehen. Die modernen Hochzeiten beginnen ja erst nachmittags mit dem Kaffeetrinken, nicht wie früher üblich mit dem Mittagessen. Aber die Backzutaten müssten sie ja auch erst einkaufen. Während Marianne vor sich hin grübelt, öffnet sich die Türe und Eva, die zukünftige Braut, kommt herein.

„Was ist denn hier los?" Eva schnappt sich den fertigen Kaffee ihrer Mutter und nimmt den ersten Schluck aus der Tasse, noch während sie sich neben ihre Großmutter setzt. „Leiden denn alle Frauen in diesem Haus unter seniler Bettflucht?"

„Sei nicht so frech, Kind.", schimpft Marianne, „schließlich geht es um deine Hochzeit."

Das weckt Evas Neugierde und sie lauscht den Worten ihrer Mutter, die bereitwillig erklärt: „Früher war es Brauch, den Geschenkgebern am Tag vor der Hochzeit eine Auswahl an Kuchenstücken mit nach Hause zu geben. Als Dank für das Präsent. So war auch für die Bekannten und Nachbarn ein besonderer Festtag, da sie zum Kaffee von vielen verschiedenen Stücken naschen konnten."

„Und die ganze Familie traf sich und jeder hat seinen ganz speziellen Lieblingskuchen gebacken.", fügt Resi-Oma hinzu.

Marianne seufzt: „Mutter, und du hast immer den allerbesten Mohnkuchen gebacken. Ich glaube, zu meiner Hochzeit damals habe ich nur so viele Geschenke bekommen, weil alle von deinem Mohnkuchen probieren wollten."

Resi-Oma überlegt: „Damals waren wir auch bloß zu dritt zum Backen. Irgendwie haben wir das doch auch hingekriegt." Sie steht auf und fordert ihre Tochter auf: „Zieh dich an und dann schau, was du an Eiern, Mehl, Zucker und anderen Backzutaten hast. Ich gehe rüber in meine Küche und hole meine Vorräte. Komm mit, Eva, du musst mir tragen helfen."

Eva schnappt sich eine Klappkiste und nimmt sie mit in die Einliegerwohnung ihrer Oma. Sie weiß, dass Oma eine Menge Lebensmittel hortet. Ihre Mutter Marianne klagte schon immer, dass

Resi-Oma Lebensmittel hamstern würde. Die Entbehrungen der Kriegs- und Nachkriegszeit sind anscheinend noch so tief in ihr verankert, dass sie es sich nicht mehr abgewöhnen kann.

So stapeln sich innerhalb kürzester Zeit Mehl, Zucker, Butter, Eier sowie Rosinen, Dosenfrüchte, Mandeln und Blockschokolade auf dem großen Tisch in Mariannes Küche. Die drei Frauen sind zufrieden. Anhand der Auswahl von Zutaten beschließen sie, je zwei Marmor- und Zitronenkuchen, ein Blech Apfelkuchen und einen Gugelhupf zu backen. Die kommenden Stunden legen sie sich mächtig ins Zeug.

Als dann Mariannes Mann endlich aufsteht und herunterkommt, erzählen sie ihm von ihrer Nacht- und Nebelaktion. Wie bestellt tönt aus dem alten Kofferradio von Resi-Oma der Gassenhauer: „Ich will ‚nen Cowboy als Mann" und die drei Frauen singen schallend mit: „Dabei kommt's mir gar nicht auf das Schießen an, denn ich weiß, dass so ein Cowboy küssen kann." Mariannes Mann ist das zu viel des Guten. Er will so schnell wie möglich aus diesem Narrenhaus flüchten und sagt: „Ich fahre zum Supermarkt und kaufe ein. Schreibt mir einen Einkaufszettel mit allem, was ihr noch braucht." Dabei zwinkert er seiner Frau Marianne zu: „Das Backen gehört ja so gar nicht zu meinen Vorzügen." Und Marianne antwortet schlagfertig: „Schießen aber auch nicht!" Was er schon nicht mehr hören kann, so schnell ist er aus der Tür.

Da die drei Frauen ohne die noch fehlenden Zutaten nicht weiterarbeiten können, gönnen sie sich eine kleine Pause. Resi-Oma wäscht sorgfältig ihre Hände mit Gallseife und trocknet sie an ihrem Geschirrtuch ab. Wie immer hat sie ihr eigenes an der Kittelschürze mit einer Sicherheitsnadel festgesteckt, damit sie es jederzeit parat hat.

Ein fertiges Blech mit Apfelkuchen befindet sich noch im Backofen, ein Marmorkuchen wartet darauf, nach dem Abkühlen gestürzt und mit Puderzucker bestäubt zu werden.

Als sie gerade den letzten Schluck aus ihren Kaffeetassen nehmen, treffen auch die restlichen Zutaten ein. Nun beginnt Resi-Oma mit der Herstellung ihres berühmten Mohnkuchens. Ihre Enkelin Eva schaut ihr interessiert über die Schulter und Oma weist sie geduldig ein: „Erst einmal verteile ich etwa die Hälfte der Streusel auf dem gefetteten Boden der Springform und drücke sie fest. Dann kommt eine Schicht Mohnmasse, dann die Quarkfüllung dazwischen und dann wieder eine Schicht Mohnmasse. Zum Schluss bestreue ich alles noch mit einer großen Hand voll Streusel." Resi-Oma stellt die gefüllte Kuchenform auf die Seite und reicht Eva eine zweite leere Form: „Das Gleiche machst du jetzt mit der zweiten Form, denn *ein* Mohnkuchen reicht bestimmt nicht." Resi-Oma nimmt die gefüllte Form und geht zur Tür: „Wenn deiner soweit fertig ist, Eva, dann bring ihn zu mir in meine Küche. Mit eurem modernen Ofen will ich mich nicht herumärgern. Ich backe nach Gefühl und das schon mein Leben lang."

Kurz nach Eins stehen zehn leckere Kuchen bereit und warten darauf, verteilt zu werden.

Resi-Oma ist zufrieden und sie scherzt mit ihrer Enkelin: „Bei deinem Talent für die Küche wäre es doch gelacht, wenn wir dich nicht unter die Haube bringen könnten."

Auch Eva lacht: „Aber Oma, heutzutage wird eine Frau doch nicht mehr wegen ihrer Kochkünste geheiratet."

Das hat ihr Vater, der im Wohnzimmer die Zeitung liest, gehört und ruft laut herüber: „Schaden kann es aber auch nicht."

Marianne lacht. Sie nimmt die zukünftige Braut liebevoll in ihre Arme und deutet auf das üppige Kuchenbüffet: „Unseren Freunden und Nachbarn wird das Wasser im Mund zusammenlaufen. Bin gespannt, wer sich bei diesen Köstlichkeiten noch für eine Flasche Wein entscheiden wird."

Auge um Auge, Zahn um Zahn

Im Wartezimmer wimmelt es nur so von Patienten und Angela läuft der Schweiß von der Stirn. Heute Vormittag hatte es permanent geregnet und sie hatte sich entsprechend warm angezogen. Dann aber riss der Himmel plötzlich auf und jetzt brennt die Sonne erbarmungslos durch die großen geschlossenen Fenster.

Aprilwetter und das schon am ersten April, denkt Angela und seufzt. Mit aller Kraft zieht sie ihre sechsjährige Tochter Marie, die auf ihrem Schoß sitzt, noch weiter zu sich heran.

„Ich will nicht zum Zahnarzt, nein, zum Zahnarzt gehe ich nicht." Vehement versucht das Mädchen, sich aus der Umklammerung zu befreien.

Angela merkt, dass ihr das alles über den Kopf wächst. Nicht genug, dass ihr Zahnarzt Urlaub hat. Nein, an seiner Stelle hat auch noch sein Sohn die Vertretung übernommen. Sebastian. Angela ist es schon unangenehm, nur an diesen

Menschen zu denken. Sie schließt die Augen und hofft, dass sie bald aufgerufen werden. Auch wenn es ihr vor diesem Wiedersehen graut. In ihrer Kindheit hatte Angela den vier Jahre älteren Nachbarsjungen Sebastian angebetet und der hatte das schamlos ausgenutzt.

Angelas Eltern mussten beide schwer arbeiten, um sich das kleine Haus in der Siedlung leisten zu können. Im Gegensatz zu den Eltern von Sebastian. Seine Mutter war Hausfrau und sein Vater damals der einzige Zahnarzt in der Kleinstadt. Tagtäglich musste Angela für sich und ihre jüngeren Geschwister nach der Schule die vorbereiteten Mahlzeiten aufwärmen. Danach spülte sie das schmutzige Geschirr, wischte den Esstisch mit der Resopalplatte ab und putzte den Linoleumboden. Ab der fünften Klasse durfte sie jeden Freitag ein leckeres Honig-Gewürz-Brot backen. Kuchen gab es damals eher selten und bei fünf hungrigen Mäulern reichte der dann auch nicht lange. Daher hatte die Mutter beschlossen, dass es als Kuchenersatz einmal in der Woche dieses besondere Brot geben sollte. Angela konnte das Rezept bald auswendig:

250 Gramm Mehl, 200 Gramm dunkler Honig, 50 Gramm brauner Zucker, 100 Milliliter Sahne, 1 Beutel Backpulver, 1 Beutel Vanillezucker, je ein Viertel Teelöffel gemahlener Ingwer, Zimt, Nelken, Muskat und Anis.

Die Zutaten musste sie lediglich zu einem Teig verarbeiten, die Kastenform fetten und hinein in den Herd damit. Bei 170 Grad 45 Minuten lang backen und schon war das Honig-Brot fertig.

Die erste Scheibe des duftenden, meist noch warmen Brotes durften die Kinder dann immer schon Freitagnachmittag abschneiden und mit Margarine sowie etwas Marmelade bestrichen gleich essen. Für jeden eine Scheibe.

Außer für Angela. Nicht, weil sic kcine für sich nehmen durfte. Nein, Sebastian war der Grund. Der Nachbarsjunge wusste, dass Angela immer freitags diese Leckerei backen würde. Einmal wöchentlich kam er vorbei, um Angela um seinen kleinen Finger zu wickeln. „Was du doch für eine gute Bäckerin bist. Außerdem das hübscheste Mädchen im ganzen Ort.“ Seine Worte klangen Angela immer noch in den Ohren. „In ein paar Jahren, wenn du alt genug bist, werde ich dich zum Tanzen ausführen.“ Angela blühte regelrecht auf unter seinen Schmeicheleien und reichte Woche für Woche ihr Stück vom Honig-Gewürz-Brot an ihren Verehrer weiter. Bis Sebastian zum Studieren ging. Angela war mittlerweile zum Teenager herangewachsen und wartete lange Zeit, Woche um Woche, auf ein Wiedersehen. Vergeblich. Sebastian hat Angela nie mehr besucht, geschweige denn sie, wie hoch und heilig versprochen, zum Tanzen ausgeführt.

Die Tür vom Wartezimmer öffnet sich und die Arzthelferin ruft: „Du bist jetzt dran, kleine Marie.“ Angela stellt das Mädchen auf die Beine und zieht es hinter sich her in den Behandlungsraum.

Dort steht, wie erwartet, Sebastian. Angela gibt ihm die Hand und sagt: „Grüß dich, Sebastian.“

Sebastian überlegt, „Ach ja, wir waren doch mal Nachbarn. Entschuldige, wie war dein Name nochmal?“

Angela presst ihren Namen zwischen den Zähnen hervor und zwingt ihre rebellische Tochter auf den Behandlungsstuhl. Ein mitleidiger Blick von Sebastian streift Angela. Selbstbewusst, mit dem ihr nur zu gut bekannten Gewinnerlächeln, beugt er sich zu ihrer Tochter hinab: „Du bist aber ein hübsches Mädchen.“

Marie ignoriert seine Schmeichelei, dreht sich zur Seite und zeigt ihm die kalte Schulter.

Sebastian ändert die Strategie: „Okay, Prinzessin. Schau mich mal an. Wir treffen eine Vereinbarung.“

Bei Marie regt sich Neugierde und sie wendet dem Zahnarzt ihr Gesicht zu.

Sebastian registriert das und spricht weiter. „Du brauchst keine Angst zu haben. Wir schauen erst mal nur rein. Und auch wenn wir bohren müssen, tut das bestimmt nicht weh.“

Als Marie das Wort „bohren“ hört, macht sie Anstalten vom Stuhl zu springen.

Da verspricht Sebastian. „Wenn du ganz ruhig sitzen bleibst und deinen Mund aufmachst, kriegst du von mir nachher ein Geschenk.“ Er lächelt Marie verschwörerisch an, dann setzt er noch eins drauf. „Und sollte es dir wirklich weh tun, dann kannst du mir danach eine Ohrfeige geben.“

Marie überlegt, dann entspannt sie sich und öffnet ihren Mund. Sebastian schaut sich den Milchzahn an, der mit seinem Loch die Schmerzen verursacht hat. Er bohrt den Zahn auf und setzt eine Füllung ein, dann lässt er das Mädchen ausspülen.

Während der ganzen Prozedur ist Marie lammfromm. Angela staunt, ihre sonst so halsstarrige Tochter war nicht wieder zu erkennen. Auch Sebastian ist sichtlich zufrieden und fährt den Behandlungsstuhl wieder in die Ausgangsposition zurück. Lächelnd beugt er sich wieder zu Marie hinab: „So, mein kleines Fräulein, hat doch gar nicht weh …“ und noch bevor er den Satz zu Ende sprechen kann, landet die kleine Hand von Marie mit einem lauten Klatscher mitten in seinem Gesicht. Perplex greift sich Sebastian an die Wange und setzt zu einem Donnerwetter an.

Angela aber hebt ihr Kind vom Stuhl und

schiebt es hinter ihren Rücken. „Halt den Mund, Sebastian. Du hast es ihr schließlich versprochen." Zornig funkelt sie ihn an: „Wie du mir damals versprochen hast, mit mir tanzen zu gehen. Nur um mich um meine Scheibe Honig-Gewürz-Brot zu bringen." Sie ringt nach Luft: „Und das, obwohl wir nicht viel hatten. Du hättest dir jeden Tag ein Stück Kuchen kaufen können." Rasch öffnet Angela die Tür. Noch während sie ihre Tochter Marie hinter sich her den Flur hinaus zieht, dreht sie sich noch einmal um. „Auge um Auge, Zahn um Zahn – das ist deine gerechte Strafe." Mit diesen Worten stürmt Angela hinaus.

Als die Tür lautstark hinter ihnen zuknallt, zwickt die kleine Marie ihrer Mama in den Handrücken. „Mama, das war heute ein richtig toller Zahnarztbesuch."

Angela zieht ihre übermütige Tochter liebevoll zu sich heran. Sie ist stolz auf die kleine Marie, die dem eingebildeten Sebastian endlich die verdiente Abreibung verpasst hat. „Ja, Marie, da hast du Recht! Auch auf die Gefahr hin, dass wir uns einen neuen Zahnarzt suchen müssen."

Es war einmal …

Margarete nimmt die Brille ab und reibt sich die Nase. Wie schnell die Zeit doch vergeht. Schon wieder Dezember. Nicht einmal mehr ein Jahr und sie kann in den lang ersehnten Ruhestand gehen. Sie freut sich darauf, dann ohne die täglichen Verpflichtungen als Leiterin des Museums endlich ihren persönlichen Vorlieben nachzugehen.

Margaretes Bürotür steht offen. Es ist bereits Viertel nach Neun, fünfzehn Minuten über der vereinbarten Zeit. Die angemeldete Schulklasse müsste schon längst da sein, aber draußen schneit es wie der Teufel. Bei diesem Wetter würde man keinen Hund vor die Tür jagen, denkt Margarete. Sie überlegt, ob sie sich nicht einen Dackel für ihr Pensionistendasein anschaffen sollte. Mit einem Hund müsste sie bei jedem Wetter raus und sie wäre auch nicht so einsam in ihrer Wohnung. Plötzlich reißen sie laute Stimmen aus ihren Gedanken und sie macht sich unverzüglich auf den Weg. Wie eine Schar Gänse schnattern die Jungen und Mädchen wild durcheinander und Margarete wundert sich, wie Herr Schultheiß das auf

Dauer aushält. Jahr für Jahr spult sie das gleiche Programm ab. Auf den speziellen Wunsch von Lehrer Schultheiß hin. Er besucht das Museum schon mehr als zehn Jahre lang, immer mit einer dritten Klasse. Vor dem Kassenhäuschen angelangt, wo ihre Mitarbeiterin bereits den fälligen Eintritt kassiert hat, begrüßt sie erst den Lehrer und wendet sich dann den Kindern zu.

„Guten Morgen, Kinder. Ich freue mich, dass ihr trotz des stürmischen Wetters den Weg zu mir ins Museum gefunden habt."

Die Kinder unterbrechen ihre Gespräche und lauschen gespannt auf das, was kommen würde.

„Bevor wir unsere Museumsführung beginnen, werden wir den Teig für die Springerle vorbereiten, die wir für eure Weihnachtsfeier machen wollen. Dafür gehen wir in die Museumsküche. Als erstes wäscht jeder seine Hände mit Seife und nimmt sich ein Paar Einmalhandschuhe aus der Packung, dann setzt bitte eine Plastikhaube auf den Kopf. Für jeden ist eine Schürze da, zieht die an und wir können starten."

Die Kinder drängen in die Küche und innerhalb kürzester Zeit sind sie vorschriftsmäßig gekleidet. Da Rührschüsseln, Mixer, Küchenwerkzeug sowie die abgewogenen und beschrifteten Zutaten auf den Tischen schon bereitstehen, können die Gruppen von jeweils vier Kindern sofort beginnen.

„Als erstes müsst ihr die Eier aufschlagen und zusammen mit dem Hirschhornsalz und dem gemahlenen Anis mit dem Mixer zwei Minuten lang schaumig rühren. Dann gebt ihr den Puderzucker dazu und mixt fünf bis zehn Minuten weiter. Zuletzt rührt ihr das Mehl unter und deckt den Teig mit dem Geschirrtuch ab." Die Museumsdirektorin wartet ab, bis alle ihren Teig soweit fertig haben, und geht zum Kühlschrank. „Jetzt stellt jedes Team seine Schüssel in den Kühlschrank, denn der Teig muss ruhen. Wenn ihr euch die Farbe vom Geschirrtuch merkt, bekommt ihr auch euren eigenen Teig wieder."

Ein Raunen geht durch die Klasse und ein Mädchen zückt flink ihr Handy, um ihre Schüssel im Kühlschrank zu fotografieren. Margarete muss lächeln. Die Zeiten haben sich geändert, da beißt die Maus keinen Faden ab. Sie lässt die Kinder vorbei und beobachtet Herrn Schultheiß. Wie der Rattenfänger von Hameln geht er voran und die Kinder folgen ihm in Reih und Glied, bis sie in der Abteilung mit dem Kramerladen aus Omas Zeiten haltmachen.

Der Lehrer wartet geduldig, bis sich alle um ihn geschart haben, und erklärt: „Die Kaufleute damals handelten mit allen Artikeln des täglichen Bedarfs. Lebensmittel, Drogerieartikel, Haushalts- und Kurzwaren, aber auch Genussmittel wie Tabak und Alkohol. Von Butter über

Schuhcreme bis zur Seife wurde in diesen Tante-Emma-Läden alles verkauft, was man zum täglichen Leben brauchte."

Margarete bahnt sich einen Weg durch die neugierigen Kinder und stellt sich hinter den Verkaufstresen: „Darf's ein bisschen mehr sein?" Mit diesen damals üblichen Worten beginnt sie ihren Vortrag: „Zur Zeit unserer Großeltern war es nicht normal, dass eine Frau auf das Gymnasium oder die Realschule wechselte, so wie ihr das wahrscheinlich nach der vierten Klasse tun werdet. Wenn eine Frau früher einen Beruf ausübte, dann nur, weil sie das Geld zum Überleben brauchte, oder ihr Mann ein eigenes Geschäft hatte. Ehe und Familie waren Lebenszweck der Frau. Unsere Großmütter waren damals zuständig für Kinder, Küche und Kirche. Während und nach dem Krieg aber waren viele Männer nicht zu Hause und so mussten die Frauen die Arbeiten der Männer übernehmen. Das gelang ihnen überraschend gut. Half den Frauen jedoch nichts, denn als die Männer wieder heimkamen, mussten sie ihnen sofort wieder Platz machen und zurück an den Herd." Margarete richtet ihren Blick auf die Kinder: „Lange Zeit durfte eine Frau nicht ohne Einverständnis ihres Ehemannes einer Berufstätigkeit nachgehen." Sie hält kurz inne, bevor sie den Kindern eine Frage stellt: „Wann, denkt ihr wohl, wurde das im Gesetz geändert?"

Ein Junge meldet sich: „1950?“

Margarete fordert die anderen Kinder auf, mitzuraten: „Was meint ihr denn? Früher oder später?“

Die Kinder überlegen. Sie einigen sich auf früher, weil sie sich so eine Bevormundung in ihrem Leben gar nicht mehr vorstellen können.

Die Auflösung kommt dann von Herrn Schultheiß, der die Kinder aufklärt: „Bis 1977 durfte in Deutschland eine Ehefrau nicht ohne schriftliches Einverständnis des Gatten einer Berufstätigkeit nachgehen.“

Die Kinder wirken bedrückt, daher lenkt der Lehrer das Gespräch in eine andere Richtung: „In manchen anderen Dingen war uns die gute alte Zeit aber weit voraus. Es gab zum Beispiel vorwiegend Mehrwegverpackungen. Man musste entweder ein hohes Pfand bezahlen oder die Kunden mussten für Lebensmittel wie Milch, Sauerkraut, Öl oder Mehl selbst Behältnisse mitbringen. Obst, Gemüse und sonstige trockene Waren wurden in spitz zulaufende Papiertüten gefüllt.“ Herr Schultheiß endet und sieht zu Margarete hinüber. „Können wir vielleicht mit den Springerle weitermachen, wir sind ja heute etwas spät dran.“

Margarete nickt und gemeinsam gehen sie zurück in die Museumsküche, um dort erneut die Küchenkleidung anzulegen. Margarete übernimmt wieder und fordert die Kinder auf: „Als nächstes müsst ihr den Teig in ungefähr einen Zentimeter dicke Scheiben schneiden, ausrollen und mit Mehl bestäuben. Dann eure Formen, auch Model genannt, fest in den Teig drücken. Die Springerle mit dem Messer rundherum ausschneiden und auf dem mit Mehl eingestäubten Küchentuch ablegen. Ein bis zwei Tage lang muss das Springerle dann trocknen, je nach Luftfeuchtigkeit. Solange könnt ihr natürlich nicht da bleiben."

Ein enttäuschtes Raunen geht durch den Raum.

Margarete spricht weiter: „Ich werde die Springerle übermorgen für euch backen und bringe sie dann persönlich bei euch vorbei. Sollten euch zwischenzeitlich noch Fragen an mich einfallen, kann ich die dann gerne beantworten."

Die Kinder jubeln. Herr Schultheiß aber gesellt sich zu Margarete und sagt: „Vielleicht könnten Sie dann ja auch etwas mehr Zeit einplanen. Ich würde Sie gerne ganz privat zu einer Tasse Kaffee einladen. Dies ist nämlich mein letzter Besuch in Ihrem Museum. Kommendes Schuljahr gehe ich in meinen wohlverdienten Ruhestand."

Mamma mia

Hans zieht die Tür des Klassenzimmers hinter sich zu. Durch die großen Fenster öffnet sich ihm ein wunderbarer Blick auf die alte Kastanie im Pausenhof. Im Herbst, nach den großen Ferien, wird er nicht mehr dabei sein, wenn die Schüler im Hof Kastanien sammeln. Wehmütig denkt er an seine ersten Tage in Berlin zurück. Anfang der achtziger Jahre entschied er sich, an dieser Grundschule mitten in einem sozialen Brennpunkt von Berlin zu unterrichten. Alle seine Studienkollegen hielten ihn für verrückt und nannten ihn einen hoffnungslosen Sozialromantiker. Er aber fühlte sich immer am richtigen Platz und auch Rückschläge konnten daran nichts ändern.

Heute soll sein Nachfolger vorgestellt werden. Einige der Mädchen in den Schulbänken stecken die Köpfe zusammen und tuscheln, während die Jungs schnell noch Fußballkarten tauschen. Pünktlich mit dem Schulgong öffnet sich die Tür und ein etwa vierzigjähriger Mann tritt ein. Hans reicht ihm freundschaftlich die Hand, bittet ihn, Platz zu nehmen, und dreht sich zu der Klasse: „Ruhe jetzt. Bevor ich euch euren neuen Lehrer vorstelle, möchte ich euch eine Geschichte erzählen“. Hans stellt sich vor die Tafel, sodass jedes der Kinder ihn sehen kann.

„Es war einmal vor langer Zeit ...“ Hans schaut in die Runde und die Kinder lachen, weil sie natürlich schon zu alt sind für eine Märchenstunde. „... da kam ein junger Student nach Berlin, um Lehrer zu werden. Er hatte den Traum, Kinder zu unterrichten, die keine reichen Eltern hatten und auch niemanden, der mit ihnen lernen konnte.“ Hans merkt, dass es auf einmal mucksmäuschenstill wird, und so erzählt er weiter: „In seiner ersten eigenen Klasse waren dreißig Schüler und fast keiner konnte perfekt Deutsch, obwohl sie in Deutschland geboren waren. Viele dieser Kinder sprachen mit ihren Eltern Griechisch, Türkisch oder auch Italienisch und so war es schwer für sie, Schreiben und Lesen zu lernen. Doch fließendes Deutsch war und ist nun mal die Voraussetzung für einen erfolgreichen Schulabschluss. So arbeitete dieser Lehrer Tag für Tag an einer Strategie, um diesen Kindern Freude am Lernen zu vermitteln. Nach einiger Zeit fiel ihm auf, dass einer seiner Schüler, ein italienischer Gastarbeiterjunge, immer wieder nicht zum Unterricht erschien, und er beschloss, persönlich nach dem Rechten zu sehen. Er ging zu dem Wohnviertel, in dem der

Junge wohnte. Ein Hochhaus stand neben dem anderen. Verrostete Fahrräder lagen auf den asphaltierten Wegen, die sich durch die Betonburgen schlängelten."

Hans macht eine Pause und schaut in den Raum. Die Kinder wirkten betroffen. Viele von ihnen wohnten in solchen Vierteln und Hans wusste das.

Er spricht weiter: „Der Junge wohnte im zehnten Stock. Als dic Mutter den Lehrer hereinbat, saß der Junge vor einem Berg Nudeln mit Tomatensoße. Der Lehrer fragte die Mutter, warum ihr Sohn so häufig die Schule schwänzte. Sie erklärte, dass er morgens oft Bauchweh habe und deshalb zuhause bleiben durfte. Sie bemerkte, dass der junge Mann die Pasta asciutta geradewegs mit seinen Augen verschlang. Daher holte sie einen zusätzlichen Teller und füllte diesen randvoll. Der Lehrer konnte nicht widerstehen. Er setzte sich und aß den Teller ratzeputz leer. Danach trank er einen Espresso und lehnte auch das angebotene Tiramisu nicht ab. Der Tisch wurde abgeräumt und der Lehrer machte mit dem Jungen die überfälligen Hausaufgaben. Die Mutter des Jungen aber ließ den Lehrer an diesem Tag nicht gehen, bevor er ihr versprach, einmal in der Woche mit ihrem Sohn Deutsch zu lernen. Als Gegenleistung würde sie ihn dafür bekochen. So lernte der junge Lehrer die hervorragende italienische Küche kennen und der Gastarbeiterjunge war der Erste aus seiner Familie, der das Abitur machte. Heutzutage korrigiert dieser italienische Junge, der schon lange ein erwachsener Mann ist, die Hausaufgaben von anderen Kindern. Und das noch immer an dem gleichen Küchentisch."

Nachdem er zu Ende gesprochen hat, bittet Hans den neuen Lehrer an seine Seite: „Nun, Kinder, darf ich euch euren neuen Lehrer vorstellen. Antonio Conte."

Hans setzt sich auf einen Stuhl und fordert seinen ehemaligen Schüler auf, den Unterricht zu übernehmen. Antonio holt einen Kinderkrimi aus seiner Tasche und liest daraus vor. Er setzt alles daran, die Schüler mit seiner Begeisterung für Literatur anzustecken.

Hans schmunzelt und denkt: Ein Sozialromantiker eben.

Thermomix mit Nebenwirkung

Der Sommer verabschiedete sich mit einem lauen Abend und Iris saß auf ihrem kleinen Balkon mit Blick auf die Schwandorfer Altstadt. Aufmerksam las sie in den Unterlagen für ihre erste eigene Vorführung der vielgepriesenen Wunder-Küchenmaschine, dem Thermomix. Um sie herum blühten die Geranien und Petunien und verströmten einen angenehmen Duft. Eine Hummel summte emsig zwischen den dunkelroten und lila Blüten und ihr Brummen vermischte sich mit den Stimmen der Passanten in der Fußgängerzone. Es war Herbstdult und die Geschäfte hatten auch am Sonntagnachmittag geöffnet. Iris blätterte auf die nächste Seite und lächelte.

Für ihren Ruhestand hatte sie eigentlich andere Pläne geschmiedet. Pläne, die nichts mit ihrem Berufsleben zu tun hatten. Als Verkäuferin in einem großen Verbrauchermarkt hatte sie sich nach Ruhe gesehnt. Vor allem nach den Nächten, welche sie aufgrund beruflicher Probleme mehr oder weniger wach verbracht hatte. Jetzt wollte Iris endlich in Ruhe ausschlafen, sich durch den riesigen Stapel ungelesener Bücher wühlen und ein Abo für das Theater in Regensburg bestellen. Sie hatte es satt, in ein zeitliches Korsett gezwängt zu sein. Ihr ganzes Leben hatte sie funktioniert. Ihre eigenen Wünsche und Bedürfnisse als alleinerziehende Mutter immer hintangestellt. Jetzt wollte sie frei sein. Frei von Zwängen. Endlich. Und damit war sie ja auch einige Wochen lang gut zurechtgekommen.

Allerdings nahte die kalte Jahreszeit und damit einhergehend die langen, einsamen Abende in ihrer winzigen Wohnung. Die Hausarbeit war schnell erledigt und in der letzten Zeit war es ruhig um sie herum geworden. Ihr Sohn war endgültig ans andere Ende von Deutschland umgesiedelt und sie hatte von jeher nicht sehr viele private Kontakte gepflegt. Das Leben war ruhig und friedlich geworden, wie ein stilles Wasser, ohne die Stürme des Alltags inmitten Beruf und Familie. Allerdings auch ohne das Gefühl von Lebendigsein, welches ihr der Austausch mit anderen Menschen immer gegeben hatte.

So kam es Iris sehr gelegen, dass eine ihrer früheren Arbeitskolleginnen sie anrief und zu einem Thermomix-Abend einlud. Neugierig auf diese moderne Wunderwaffe im Haushalt war sie der Einladung gefolgt. Und noch am gleichen Abend hatte sie begeistert beschlossen, das Gerät künftig selbst vorzuführen und an den Mann beziehungsweise die Frau zu bringen.

Jetzt saß sie also vor der Einarbeitungsmappe und prägte sich die wichtigsten Details ein. Verkaufen an sich war kein Problem, damit hatte sie sich schließlich ein Leben lang ihre Brötchen verdient. Mit der Technik allerdings hatte sie sich erst nach einer Reihe von Kochexperimenten angefreundet. Mittlerwcilc klappte das jedoch einwandfrei. Das war auch nötig, denn heute Abend wollte Iris die potentiellen Kunden durch die gekonnte Herstellung kulinarischer Kostproben zu einem Kauf verführen.

Der Abend lief gut und Iris war die Freude über ihre neue Tätigkeit ins Gesicht geschrieben. Sie sprühte vor Charme und überzeugte auf ganzem Feld, was ihr die ersten unterschriebenen Kaufverträge bestätigten. Als sie schon dabei war, ihr Hab und Gut wieder einzupacken, gesellte sich eine aparte Dame in den besten Jahren zu ihr und buchte sie für eine Verkaufsveranstaltung bei ihr zu Hause. Iris war begeistert und notierte den Termin für den folgenden Sonntagabend.

Als Iris zur verabredeten Zeit dort ankam, war außer der Hausherrin, nebst Gatten und dessen Vater, niemand anwesend. Die Frau erklärte ihr, dass die Familie eine Schreinerei betrieb, sie allerding im Finanzamt arbeitete und für die Behörde sehr viel unterwegs sei. Die beiden Herren seien oft gemeinsam bei Kunden, um Aufträge einzuholen, denn ihr Mann vertraute auf die langjährigen Erfahrungen des Seniorchefs, seines Vaters. Man wusste vorher nie, wie lange das dauern würde. Daher müsse das Kochen schnell und einfach zu handhaben sein – für alle drei Beteiligten. Ihr Schwiegervater sei seit einem Jahr Witwer und nicht gewohnt, für sich selbst zu kochen.

Iris erklärte das Gerät und bereitete eine Kürbissuppe und gedünsteten Rotbarsch mit Kartoffeln, Karotten und Brokkoli zu. Der Senior allerdings war ein Freund von deftigem Essen und bat Iris, noch einmal zu ihm zu kommen und Fleischgerichte mit ihm zu kochen. Er schwärmte von Gulasch, Rinderrouladen und Geschnetzeltem mit Kartoffeln oder Püree als Beilage. Diese wollte er dann portionsweise einfrieren. Iris fand die Idee nicht schlecht und versprach ihm, dabei zu helfen – vor allem, nachdem die Herrin des Hauses zusicherte, gleich zwei Geräte abzunehmen. Sie wollte die Liste mit den Essenswünschen ihres Schwiegervaters per E-Mail senden. Iris sollte dann die Zutatenliste für den notwendigen Einkauf erstellen und zurückschicken.

Doch dazu kam es gar nicht. Noch am gleichen Abend bot Herr Hauser Senior, der mit Vornamen Luis hieß, Iris das Du an. Dann vereinbarten sie, dass Iris die Auflistung seiner Lieblingsmahlzeiten persönlich bei ihm abholen würde. Bei dieser Gelegenheit verabredete er sich mit ihr zum Einkauf der frischen Zutaten und anschließend verbrachten sie einen geselligen Abend mit dem Zubereiten der diversen Speisen. Da diese ja auch verkostet werden mussten, tranken sie im Laufe des Abends eine Flasche vorzüglichen italienischen Rotwein. Nachdem Luis die etwas verblüffte Iris zu Fuß nach Hause begleitet hatte, bat er vor ihrer Haustür um ein baldiges Wiedersehen.

Die Zusage ging Iris nicht leicht über die Lippen. Als sie wieder alleine in ihrer Wohnung war, konnte sie lange nicht einschlafen. Sie hatte Angst, verletzt zu werden. In der Vergangenheit hatte sie einiges an Leid ertragen müssen. Aber die letzten Jahre ohne eine ernsthafte Beziehung waren an ihr vorbeigeflogen, ohne bemerkenswerte Eindrücke zu hinterlassen. Jetzt wollte sie allen Mut zusammen nehmen, um diese Chance, die ihr das Leben noch einmal anbot, zu ergreifen.

Beim ihrem nächsten Treffen kochten sie nicht selbst. Sie aßen in einem gutbürgerlichen Lokal in Regensburg und besuchten danach eine Theatervorstellung. Iris war glücklich, mit Luis wurden die Zukunftspläne zur Realität, welche sie über ihre letzten Berufsjahre hinweg in ihrer Fantasie geschmiedet hatte.

Drei Monate später ersetzte Luis seine alte, dunkle Holzküche durch eine weiße, lichtdurchflutete Landhausküche, in der er von nun an Seite an Seite mit Iris kochen wollte. Beim ersten gemeinsamen Weihnachtsfest gab es dann auch nicht, wie üblich, die traditionelle Gans. Gemeinsam mit ihren erwachsenen Kindern kochten Iris und Luis mithilfe der zwei von Familie Hauser angeschafften Thermomixgeräte ein Drei-Gänge-Menü. In einer fröhlichen Runde ließen sie sich die Gemüsecremesuppe, das Rindergulasch mit Salzkartoffeln und die Mousse au Chocolat schmecken. Der Thermomix von Iris aber befand sich eingepackt in buntem Weihnachtspapier und mit einer großen goldenen Schleife versehen unter dem Christbaum, als Geschenk für ihren Sohn. Zwei Küchenmaschinen würden Iris und Luis in Zukunft ja nicht mehr brauchen.

Bei Wasser und Brot

Es war schön hier am Fluss. Hier hatte Paul schon seine frühe Kindheit verbracht. Wenn das Wasser nach starkem Regen über das nahe Wehr schoss und den Eindruck vermittelte, dass man an einem reißenden Strom saß, gab es keinen Ort auf dieser Welt, an dem Paul lieber gewesen wäre. Außer vielleicht bei seiner verstorbenen Frau Gerlinde. Gemeinsam hatten sie in den vergangenen Jahren das Bauernhaus liebevoll restauriert, Strom, Gas, Wasser und die veraltete Küche auf den neuesten Stand gebracht und auf dem fast dreitausend Quadratmeter großen Grundstück einen idyllischen bäuerlichen Garten nebst Obstbaumwiese angelegt. Seit dem Tod von Gerlinde lebte Paul sehr zurückgezogen und igelte sich auf seinem Anwesen ein.

Wie häufig in den vergangenen Monaten, saß er einsam und verlassen am Ufer des Flusses. Vergangenen Sonntag hatte er eine Messe lesen lassen, in Gedenken an den ersten Todestag seiner Frau. Er hatte ihr frische Blumen aufs Grab gestellt, in dem kleinen Waldfriedhof am Ort.

Jetzt, als Rentner, hatten sie gemeinsam hier leben wollen. So hatten sie es sich in jungen Jahren, während der stressigen Arbeitsjahre in der Großstadt Frankfurt, immer erträumt. Als Pauls Vater ihnen dann vor einigen Jahren den Hof hinterließ, waren Paul und Gerlinde ihrem Traum ein Stück näher gekommen. Viele gemeinsame Urlaube hatten sie beim staubigen Rückbau anstatt am weißen Sandstrand verbracht, bis alles frisch renoviert war und die neuen, modernen Möbel Einzug gehalten hatten.

Die freigelegten Bruchsteinmauern kombiniert mit dem blitzenden Edelstahl der modernen Einbauküche, die mit rotem Leder überzogenen Sitzmöbel und die modernen verchromten Lampen zeigten das Haus von seiner allerschönsten Seite. Gerlindes Werk! Sie hatte ein Händchen für Stil und Geschmack gehabt.

Anders als Paul. Der hätte die alte Küche, noch von seinem Großvater eingerichtet, am liebsten behalten.

„Du bist wohl verrückt geworden!" hatte sie ihn angedonnert. „Der ganze alte Krempel fliegt raus. Aber hundertprozentig!"

Paul hatte nachgegeben, jedoch die alte Küche seines Großvaters nicht weggeworfen, sondern in das leerstehende Nebengebäude einbauen lassen. Dort konnte er ungestört seinem Hobby, dem Backen und Einkochen, nachgehen. Ohne damit die heilige Küche seiner Gattin durch einen überlaufenden Zwetschgenkuchen oder eingebrannte Marmeladenränder zu verunstalten. Außerdem konnte man in dem alten Holzofen leckeres Brot wie aus früheren Zeiten backen, von den Bratäpfeln ganz zu schweigen. Töpfe und Pfannen hatte er mehr als genug, denn auf dem neumodischen Herd waren sie nicht mehr zu gebrauchen.

Paul saß noch immer auf der alten Bank und starrte in das vorbeifließende Wasser. Der laue Wind trug den Duft von Lavendel zu ihm herüber.

Plötzlich hörte er ein knarrendes Geräusch. Das Hoftor, dachte er und sprang von der Bank auf. An seinem Hoftor musste sich jemand zu schaffen machen. Aufgebracht macht er sich auf den Weg. Wer sich da wohl unangemeldet Zutritt zu seinem Grundstück verschaffen wollte?

Ein fremdes Auto mit Frankfurter Kennzeichen stand mitten in seinem Garagenhof und ein Mann, bekleidet mit einer blauen Hose und einem weißen Hemd, kam ihm lachend entgegen. Überrascht blieb Paul stehen. Es dauerte einen Moment, bis er seinen früheren Arbeitskollegen Hans erkannte. Völlig perplex beobachtete er, wie sich die hinteren Wagentüren öffneten und zwei junge Mädchen ausstiegen. Hans zwinkerte Paul zu und schlug ihm zur

Begrüßung freundschaftlich auf die Schulter. „Lange nicht gesehen, was? Muss doch mindestens fünf Jahre her sein? Vielleicht sogar sechs, oder?“ Ohne eine Antwort abzuwarten, redete er weiter: „Ich war mit meinen Enkeltöchtern bei einem Pferdeturnier ganz in der Nähe und da dachte ich, ich könnte doch einmal bei dir vorbeischauen. Auf gut Glück.“

Paul war überrumpelt. Er wusste gar nicht, was er darauf sagen sollte. Früher waren er und Hans oft gemeinsam zum Fußball gegangen und das ein oder andere Mal auch in eine Kneipe. Doch durch seinen Ruhestand und dem damit verbundenen Umzug war der Kontakt vollkommen abgerissen. Er hatte Hans zwar seine neue Adresse aufgeschrieben, aber seither nichts mehr von ihm gehört. Was allerdings auf Gegenseitigkeit beruhte. Paul merkte, wie gut es ihm tat, die noch immer vertraute Stimme zu hören. Er überlegte laut: „Viel zu essen habe ich nicht zuhause und zum Einkaufen ist es schon zu spät.“ Dann wandte er sich Hans zu: „Hier im Ort gibt es keine Möglichkeit, auf die Schnelle etwas einzukaufen.“ Mit betretener Miene sah Paul seinen früheren Kollegen an.

Hans winkte ab: „Wir sind ja nicht zum Essen gekommen. Außerdem wollen wir dir keine Umstände machen.“

Paul bat sie herein und führte sie herum. Als

sie anschließend hinter das Haus gingen und die Mädchen den weitläufigen Garten sahen, brachen sie in helle Begeisterung aus. Alles, was das Herz begehrte, wuchs hier unter freiem Himmel und die Mädchen hüpften vergnügt hin und her, während sie Radieschen, Kopfsalat, Tomaten und Gurken ernteten. Als sie dann auf ihrer Entdeckungsreise die ausrangierte Küche in dem Nebengebäude entdeckten, begannen sie, den alten Holztisch abzuwischen und die Schränke nach brauchbaren Küchenutensilien aus Großmutters Zeiten abzusuchen. Uralte Gerätschaften und emaillierte Schüsseln kamen zum Vorschein, mit denen sie herumhantierten und einen großen gemischten Salat zubereiteten. Zum Schluss streuten sie den frisch geschnittenen Schnittlauch darüber und stellten die bis zum Rand gefüllte Schüssel zu den Porzellantellern auf den Tisch. Währenddessen schürte Paul den alten Herd mit Holz an, um das aufgetaute Brot knusprig zu backen. Die beiden Mädchen holten die frische Bauernbutter aus dem Kühlschrank im Haus und alle rutschten um die alte rustikale Eckbank.

Als die Abendsonne ihre letzten Strahlen durch die staubigen Fenster schickte, saßen die vier fröhlich lachend vor einem Glas Wasser aus der hauseignen Quelle und aßen die übriggebliebenen Kanten von dem knusprig gebackenen Brot. Die Amsel auf dem Giebel des Daches sang ihr

Abendlied dazu und während es draußen schon merklich abkühlte, legten die Mädchen Holz nach und schwärmten von dem köstlichen Essen.

Wie im Flug verging der Abend und es wurde höchste Zeit für die drei Großstädter, aufzubrechen. Paul übergab den Mädchen eine gefüllte Holzkiste mit den Worten: „Das nehmt ihr mit nach Hause und richtet eurer Oma schöne Grüße aus. Sagt ihr, dass der Salat, das Gemüse und die Marmelade vom alten Paul sind."

Die Mädchen bedankten sich und versprachen: „Wenn wir das nächste Mal in der Nähe sind, kommen wir wieder vorbei."

Paul freute sich: „Ihr zwei seid bei mir jederzeit herzlich willkommen. Auch ohne Voranmeldung! Wasser und Brot habe ich immer Zuhause."

Seinem alten Freund Hans aber schüttelte Paul zum Abschied lange die Hand. Er bedankte sich, dass er aufs Geratewohl bei ihm hereingeschneit war. Hans hingegen dankte für die freundliche Bewirtung und nahm Paul das Versprechen ab, sich im Gegenzug demnächst nach Frankfurt auf den Weg zu machen.

Obwohl Paul vor ein paar Jahren die Liebe zu seiner alten Heimat wieder entdeckt hatte, gab es auch in Frankfurt Menschen, die es wert waren, sie dort zu besuchen.

Meine Erstkommunion

Hier in meiner Küche, umringt von Schränken und offenen Regalen, in welchen Töpfe aus Emaille, Porzellanschüsseln, Besteck und Grundnahrungsmittel in Hülle und Fülle säuberlich verstaut sind, bin ich glücklich.

Natürlich ist dieser Wohlstand für die meisten Menschen in der heutigen Zeit selbstverständlich und meine massive Holzeckbank und die farbenfrohen Vorhänge an den Fenstern sind eher gewöhnlich, trotzdem freue ich mich jeden Tag aufs Neue darüber. Hier in meinem Reich habe ich alles, was ich für ein gutes Leben brauche.

Ich bin keine gelernte Köchin, nein, aber ich koche und backe für mein Leben gern. Der Grundstein für meine Liebe zum Kochen und Backen wurde in meiner Kindheit gelegt, was die Vermutung nahelegt, dass ich in unserem Haushalt Zugang zu diesen Dingen hatte. Weit gefehlt!

Wir wohnten damals in einem engen und dürftigen „Arme-Leute-Haus“ und es mangelte uns an allem. In den Sechzigern, der Krieg war gut zwanzig Jahre vorbei und die Wirtschaft konnte einen gigantischen Aufschwung verzeichnen, ging es den Menschen zunehmend besser. Viele Menschen in Deutschland profitierten von diesem Wachstum und die Arbeitsmarktlage bescherte beinahe allen Familien gutbürgerliche Verhältnisse. Wohlgemerkt fast überall, bei uns leider nicht.

Am Tag vor meiner Erstkommunion, ich besuchte die dritte Klasse der Grundschule in meinem Heimatdorf, saß ich auf einem der abgewetzten Stühle in der Küche und starrte auf den weißen Kittel, der wie ein Büßerhemd vor mir auf dem ramponierten Esstisch lag. Um mich herum tobten meine fünf jüngeren Geschwister, das sechste lag in der Wiege und weinte leise vor sich hin.

Meine Mutter, die am Herd stand und einen Eintopf aus Erbsen, Bohnen, Karotten und Kartoffeln aus unserem Garten für den morgendlichen Festtag zubereitete, schimpfte mit mir: „Es ist vollkommen egal, ob du ein Kleid mit Rüschen und Spitzen hast. Wichtig bei der Kommunion ist nur, dass es weiß ist. Basta." Für meine Mutter war der Fall erledigt.

Ich fing zu weinen an und ließ meine wilden blonden Locken wie einen Vorhang über mein Gesicht fallen. Keiner sollte meine Tränen sehen. Als einziges Mädchen musste ich morgen zur heiligen Erstkommunion in so einer Kutte vor den Altar treten. Nur die Ärmsten der Armen trugen diesen Überwurf, den der Pfarrer bereitstellte, um den festlichen Rahmen nicht zu zerstören.

Plötzlich klopfte es an der Tür und meine Mutter ging hinaus, um zu öffnen. Sie rief nach mir und ich wischte mir das Gesicht notdürftig ab, bevor ich ihrem Ruf folgte. Neben ihr stand die Bäuerin, die einige hundert Meter von uns entfernt wohnte. In der Hand hielt sie ein Päckchen, umhüllt von wunderschönem Papier und einer feinen zartrosa Schleife. „Das ist ein Geschenk für deinen Ehrentag morgen", sagte sie und lachte mich an. Dabei bemerkte sie die Spuren der Tränen in meinem Gesicht und fragte meine Mutter: „Was hat Andrea denn?"

Meine Mutter holte die Kutte aus der Küche und zeigte sie der Bäuerin: „Sie will dieses Kleid morgen nicht anziehen, aber ohne kann sie ja wohl auch nicht gehen."

Die Bäuerin war bestürzt: „Das Kind braucht doch ein Kommunionkleid, wie alle anderen Mädchen auch."

Meine Mutter senkte beschämt den Kopf. In ihrer Welt gab es neun hungrige Mäuler zu stopfen, ob ihre älteste Tochter angemessen gekleidet war oder nicht, stand dabei ganz hinten an.

Die Bäuerin merkte, dass sie zu weit gegangen war, und sah mich forschend an. „Na ja, viel ist ja nicht dran an dir – ich hätte da so eine Idee.“ Nun wandte sie sich wieder an meine Mutter: „Darf das Kind mit mir auf den Hof, ich glaube, ich kann ihr helfen. Einen Versuch wäre es jedenfalls wert.“

Verständnislos sah meine Mutter ihre Nachbarin an. Die Bäuerin aber lächelte mir aufmunternd zu und nahm mich bei der Hand. Seite an Seite gingen wir ohne ein Wort zu wechseln zu ihr nach Hause. Dort angekommen, führte sie mich in eine riesige Küche und setzte mich auf einen der schweren Holzstühle. Sie gab mir ein großes Glas Limonade und eine Scheibe Brot, die sie vorher dick mit Leberwurst bestrichen hatte. Dann stieg sie über die Holztreppe ins obere Stockwerk des geräumigen Bauernhauses. Ich schlang das Leberwurstbrot gierig hinunter und trank das Halbliterglas mit dem Zitronenwasser in großen Schlucken aus. Hier gab es eigentlich niemanden, der mir etwas wegessen oder wegtrinken konnte, aber die Gewohnheit nötigte mich zu schnellem Handeln.

Nur ein paar Minuten später kam die Bäuerin mit einem weißen Kleid über dem Arm in die Küche zurück. „Weißt du, Andrea, meine Tochter Susanne braucht ihr Kommunionkleid ja nicht mehr. Es ist schon ein paar Jahre alt, aber sie hat es ja auch nur einmal getragen. Probier es doch mal an.“

Mit großen Augen zog ich mich aus und schlüpfte in das weiße Kleid. Es passte wie angegossen. Die Bäuerin schubste mich an und ich drehte mich im Kreis.

„Jetzt bist du genauso schön wie die anderen Mädchen. So tut das Kleid noch einmal einen guten Dienst und fällt auf dem Dachboden nicht den Motten zum Fraß."

Erstaunt riss ich meine Augen auf: War das wirklich wahr? Ich würde ein richtiges Kommunionkleid bekommen! Ungläubig wollte ich mit meinen Fingern über den zarten Spitzenstoff streichen, als mir siedend heiß einfiel, dass ich ja das Wurstbrot damit gehalten hatte. Ich zog das Kleid wieder aus, legte es sorgsam über eine Stuhllehne und streifte meine eigenen Sachen wieder über. Dann lief ich zu dem großen Spülbecken, wusch mir die Hände und rieb sie an dem schwarz-weiß-rot gemusterten Grubenhandtuch trocken. Ehrfürchtig glitt mein Blick über die Einbauschränke aus massivem Holz. So eine wunderschöne Küche hatte ich noch nie in meinem ganzen Leben gesehen. Die Bäuerin schaltete das Licht ein. Die große Pendelleuchte über dem Esstisch brachte die kupfernen Pfannen, welche an einer Leiste über dem Herd hingen, zum Strahlen. Der Fußboden war so sauber gescheuert, dass ich mich ängstlich vergewisserte, ja keine Spuren zu hinterlassen, während ich eingeschüchtert zum Tisch zurückschlich.

„So, als Gegenleistung für das Kleid musst du mir aber auch etwas zur Hand gehen“, sagte die Bäuerin.

Ich nickte schüchtern und folgte ihren Anweisungen. Erst schickte sie mich zur Speisekammer um Mehl, Zucker und eine Zitrone zu holen. Nachdem ich die Lebensmittel auf die Anrichte gestellt hatte, wies sie mich an, Eier, Milch und Butter aus dem Kühlschrank dazuzustellen. Ich staunte nicht schlecht, als ich den randvoll gefüllten Kühlschrank öffnete. Nie hätte ich es für möglich gehalten, dass jemand so viele leckere Sachen vorrätig im Haus haben könnte. Wehmütig schloss ich ihn wieder und befolgte die weiteren Anweisungen. Mit Salz, Vanillezucker, Backpulver und Rosinen vervollständigte ich die Zutaten, während die Bäuerin ein wachsames Auge auf mich hatte.

Ohne groß darüber nachzudenken, führte ich eine Aufgabe nach der anderen aus, holte die Schüssel sowie das Rührgerät aus dem Schrank und trennte die Eier. Danach rieb ich die Zitronenschale mit der dafür vorgesehen Reibe ab und rührte sie mit der Butter, der Hälfte des Zuckers und den Eigelben, dem Vanillezucker und einer Prise Salz schaumig. In einer weiteren Schüssel schlug ich die Eiweiße mit dem Rest des Zuckers, bis sie steif waren. Dann mischte ich alles zusammen und gab das Mehl, das Backpulver, die Milch und zuletzt die Rosinen dazu. Zum Schluss musste ich noch die Form ausfetten und mit Semmelbröseln ausstreuen. Dorthinein füllte ich den Teig und stellte ihn bei 200 Grad in den Herd.

Die Bäuerin lobte mich: „Gut machst du das, Andrea."

Ich bekam rote Ohren und nahm all meinen Mut zusammen, um sie zu fragen: „Wissen Sie alle Rezepte auswendig?"

Die Bäuerin lachte: „Nein, nur die, die ich am häufigsten brauche. Bei uns gibt es fast jeden Sonntag einen Gugelhupf, weil der Bauer ihn so gerne unter der Woche in den Kaffee eintunkt. Mittlerweile kann ich das Rezept im Schlaf aufsagen."

Die folgende Stunde erzählte mir die Bäuerin von ihrer Tochter, die im Internat war, um ihr Abitur zu machen, und die Zeit verging wie im Flug. Der Kuchen musste herausgenommen werden und abkühlen. Die Bäuerin und ich fütterten die Hühner und als wir wieder zurück in die Küche kamen, sagte sie zu mir: „Jetzt musst du den Kuchen auf das hölzerne Backbrett stürzen und wenn er kalt ist, werde ich ihn mit Puderzucker bestäuben."

Danach wusch ich die Form sauber aus, trocknete sie mit einem sauberen Geschirrtuch ab und verstaute sie wieder im Schrank, bevor ich auch die Zutaten an Ort und Stelle zurückräumte. Zu guter Letzt wischte ich die benutzten Flächen noch einmal feucht ab und trocknete sie ordentlich nach. Zufrieden blickte ich auf die blitzblanke Küche, die genauso aussah wie zuvor, als ich sie das erste Mal betreten hatte.

Die Bäuerin überzog anschließend das Kommunionkleid wieder mit der durchsichtigen Folie und legte es mir über den Arm. Dann schickte sie mich damit nach Hause.

An meinem Festtag machte ich mich vor Freude singend auf den Weg. In dem Ärmel des Kleides hatte ich noch eine Haarschleife und ein Handtäschchen entdeckt, worin ein Rosenkranz und ein weißes Spitzentaschentuch lagen. Vor der Kirche mischte ich mich unter die anderen Kommunionkinder und beim Einzug in die Kirche ging ich stolz mit erhobenem Haupt an der Kirchengemeinde vorbei. Nach dem feierlichen Gottesdienst wurde am Altar noch ein Foto aller Kommunionkinder mit dem Herrn Pfarrer gemacht und ich durfte, gut sichtbar, in der ersten Reihe stehen.

Als ich rundum zufrieden mit meiner Familie nach Hause ging, wartete die Bäuerin bereits an ihrem Hoftor und gab meiner Mutter eine ausgediente Hutschachtel. Darin war der von mir gebackene Gugelhupf und ich konnte mein Glück gar nicht fassen. Ich lief zu der Bäuerin und bedankte mich immer wieder. Als meine Geschwister, die nach Hause wollten, um den Kuchen zu essen, mich vom Zaun wegzogen, sagte ich zu meiner Gönnerin: „Das ist der schönste Tag in meinem ganzen Leben!“

Von Acht bis Mitternacht

Außer Atem lässt sich Daniel in den Schnee fallen. Sein Herz rast und heiße Tränen tropfen von seinen Wangen in den kalten Schnee. „Wieso muss Mama gerade heute dieses blöde Kind bekommen?“, schießt es dem Jungen durch den Kopf. „Ausgerechnet an meinem 14. Geburtstag!“ Er holt tief Luft. „Reicht es nicht, dass dieser Nachzügler mir meine Mama wegnimmt, muss er auch noch meine Party zerstören?“, Daniel beginnt zu zittern, teils von der angestauten Wut und Enttäuschung, teils aber auch wegen der eisigen Kälte, die sich in seinem Körper breitmacht. Widerwillig steht er auf und geht zum Haus seiner Großeltern. Dort soll er warten, bis sein Vater aus dem Krankenhaus zurückkommt.

„Wo hast du dich denn so lange herumgetrieben? Wir haben uns schon Sorgen gemacht!“, schimpft seine Großmutter Grete zur Begrüßung. Sie geht zu ihrem Mann Ernst und schaltet den Fernsehapparat aus. „Jetzt sag doch du auch mal was.“

Ernst steht auf und geht zu Daniel, der noch

immer wie ein begossener Pudel im Flur steht. Beruhigend legt er ihm die Hand auf die Schulter und rügt seine Frau: „Jetzt lies dem Jungen doch nicht gleich die Leviten. Schließlich hat er heute Geburtstag." Ernst streicht seinem Enkel über den Kopf: „Alles Gute, Daniel, dein Geschenk liegt auf dem Wohnzimmertisch." Grete kommt auch dazu und drückt den Jungen an ihre Brust: „Herzlichen Glückwunsch auch von mir. Aber trotzdem musst du dich melden, wenn du später kommst. Ich mache mir schließlich Sorgen."

Sie führen Daniel in die gute Stube und zeigen auf den Wohnzimmertisch. Dort liegt einsam und verlassen ein weißer Umschlag. „Geschenk haben wir keines gekauft. Du bist ja jetzt 14 Jahre alt und kannst das Geld bestimmt besser gebrauchen." Schweigend nimmt Daniel den Umschlag. Von seinen Eltern hat er auch kein Geschenk bekommen. Sie wollten ihm anstelle eines Geschenkes eine tolle Geburtstagsparty ausrichten – von acht Uhr bis Mitternacht. Geschenke würde er ja genug von seinen Freunden bekommen, haben sie gesagt. Schon vor zwei Wochen hatte er alle eingeladen und die Jungen und Mädchen aus seiner Klasse waren hellauf begeistert gewesen. Daniel holt tief Luft. Jetzt muss er allen absagen. An eine Party ist nicht mehr zu denken.

Opa Ernst reißt ihn aus seinen Gedanken:

„Du freust dich ja gar nicht? Wir dachten, das Geld wäre dir lieber?“

Jetzt bricht das ganze Elend aus Daniel heraus: Dass das neue Kind gerade heute, an seinem Geburtstag, auf die Welt kommen soll und er jetzt kurz vor der Party allen Freunden absagen muss. Nach diesem Wortschwall sackt Daniel auf dem Sofa zusammen wie ein Häufchen Elend.

Alles bleibt still, nur das Ticken der Kuckucksuhr an der Wand ist zu hören. Schweigend verlassen Ernst und Grete das Zimmer. Dann wird nebenan in der Küche getuschelt, doch Daniel ist das gleichgültig. Für ihn ist dieser Tag gelaufen.

Nach ein paar Minuten kommt seine Großmutter und setzt sich neben ihn. „Wenn du mir und Opa hilfst, könnten wir doch die Party ausrichten? So etwas haben wir in den Siebzigerjahren oft gemacht, bei uns im Partykeller.“

Daniel starrt seine Oma ungläubig an. „Ihr habt einen Partykeller?“

Die beiden Rentner sehen sich an und lachen. Oma Grete beginnt zu erzählen: „Ja, früher hatten wir ja kein Geld, um ins Gasthaus zu gehen. So haben wir und unsere Freunde abwechselnd daheim gefeiert.“

Opa Ernst ergänzt: „Und damit unsere schöne Einrichtung nicht beschädigt wird beim Tanzen und Feiern, haben wir im Keller ein Zimmer mit einer Bar eingerichtet. Aber jetzt ist es ein Abstellraum. Wir feiern ja keine Partys mehr.“

Opa Ernst streicht sich mit der Hand über das Kinn: „Ich muss aber erst ausräumen und sauber machen. Du gehst währenddessen mit deiner Oma einkaufen, damit sie nicht so schwer tragen muss. Grete hat früher den besten Hawaii-Toast gemacht, den ich kenne.“

Daniel staunt. Oma, Opa und Party, diese drei Begriffe passen für ihn nicht zusammen. Trotzdem geht er bereitwillig mit seiner Großmutter zum Supermarkt, um die benötigten Zutaten für die Party einzukaufen. Chips und Salzbrezeln, drei Packungen Buttertoast, 500 Gramm Schinken, drei Dosen Ananas, drei Packungen Scheibenkäse und ein Glas Cocktailkirschen. Außerdem landen 500 Gramm Weintrauben und 1 Kilogramm Käse am Stück für einen Käse-Igel in den Einkaufstaschen.

Zuhause angekommen, bereiten Daniel und seine Oma Grete auf zwei Backblechen die Hawaii-Toaste vor. Erst bestreichen sie die Toastscheiben mit etwas Butter, dann belegen sie diese mit jeweils einer Scheibe Schinken und einer Scheibe Ananas. Zuletzt legen sie die Käsescheiben darüber. Daniel darf jeden Toast mit einer Cocktailkirsche garnieren. Begeistert betrachtet der Junge sein Werk und fährt damit fort, nach Omas Anweisung den Käse-Igel zu stecken.

In den Keller darf Daniel aber noch nicht, das soll eine Überraschung werden. Um kurz vor acht Uhr geht er nach Hause, um seine Gäste in Empfang zu nehmen und zum Haus der Großeltern umzuleiten. Als er mit seinen Gästen im Schlepptau zurückkommt, duftet das ganze Haus nach Hawaii-Toast. Die große Überraschung aber erwartet ihn, als er die Kellertür öffnet. Der Partyraum ist ringsum mit bunten Glühbirnen beleuchtet, eine silberne Discokugel dreht sich an der Decke und die Bar ist großzügig mit Cola, Limo und Apfelsaft bestückt. Daniel und seine Freunde staunen nicht schlecht. Opa Ernst zeigt ihnen seine Plattensammlung und Oma Grete bringt den dampfenden Toast in den Keller. Der Käse-Igel steht bereits neben den Kartoffelchips und den Salzbrezeln. Dann lassen die beiden Senioren die jungen Leute alleine. Bis Mitternacht erfüllen Discomusik, alte Schlager sowie lautes Singen und Lachen das Haus mit Leben.

Eine wirklich gelungene Geburtstagsparty!

Tauben im Speck

Die Stadtratssitzung neigt sich dem Ende zu. Als letzter Tagesordnungspunkt steht die Errichtung eines Taubenschlages auf der Agenda. Heribert rückt das Papier mit den vorbereiteten Stichworten vor sich zurecht und beginnt mit seiner Rede:

„In Vertretung meiner Partei fordere ich die Errichtung eines Taubenschlages am Stadtrand. Anbieten würde sich hierfür der Dachstuhl der ehemaligen Munitionsfabrik."

Ein missmutiges Raunen geht durch die Menge. Unbeirrt fährt Heribert fort: „Diese Maßnahme hat zum Ziel, die unkontrollierte Vermehrung der Vögel im Zaum zu halten. Hierfür werden die Gelege der Tauben durch Kunststoff- oder Gipseier ersetzt."

Der Bürgermeister wirft ein: „Glaubst du wirklich, dass dadurch unser Taubenproblem gelöst wird? Ich wage daran zu zweifeln."

Heribert schweigt. Er muss sich zurücknehmen, um nicht unnötig laut zu werden. Er atmet tief ein und spricht weiter: „Natürlich ist dieser eine Taubenschlag nicht die abschließende

Lösung unseres Taubenproblems. Aber in den letzten Jahren hat sich doch gezeigt, dass auch andere, meines Erachtens tierfeindliche Lösungen, nicht den gewünschten Erfolg gebracht haben. Dieser Taubenschlag ist eine Möglichkeit, mit einem tierschutzgerechten Regulierungskonzept Erfahrungen zu sammeln. Außerdem kann man Kinder im Rahmen des Schulunterrichtes zum Taubenschlag führen. Dort kann man sie über die Konsequenzen der Fütterung aufklären, die es ja trotz des Verbotes immer noch gibt. Kinder wissen nicht, dass man mit den Tauben indirekt auch die Ratten füttert. Auch die sind ja mittlerweile eine zunehmende Plage in der Innenstadt geworden."

Nun schaltet sich der Bürgermeister erneut ein: „Und wer soll diesen Pilotversuch leiten? Die Tauben müssen doch gefüttert, die Eier ausgetauscht und der Taubenschlag gesäubert werden. Die Gemeinde kann dafür keinen Arbeiter zur Verfügung stellen."

Mit dieser Frage hat Heribert gerechnet: „Herr Vogl, der Vorsitzende vom Kleintierzüchterverein, dürfte doch allen hinreichend bekannt sein. Er hat sich stellvertretend für den Verein dazu bereit erklärt, diesen Dienst als Ehrenamt unentgeltlich zu übernehmen."

Damit hat der Bürgermeister nicht gerechnet. Ihm war dieser Taubenschlag von Anfang an ein

Dorn im Auge. Liegt doch die alte Munitionsfabrik unmittelbar neben dem Villenviertel, in dem auch er sein Anwesen hat. Die Tauben sind aus seiner Sicht in der Innenstadt besser aufgehoben. Zornesröte überzieht sein Gesicht. Heribert reagiert sofort und sagt: „Lasst uns abstimmen. Wer vom Stadtrat ist für den Taubenschlag?"

Lediglich eine Hand bleibt unten, die vom Bürgermeister selbst. Vorwurfsvoll mustert er die Runde. Dann wendet er den Blick beleidigt ab und schaut aus dem Fenster. Er traut seinen Augen nicht. Während der Sitzung hat der Kleintierzuchtverein im Innenhof Bänke und Tische aufgestellt. Silberne Wärmebehälter glänzen in der goldenen Abendsonne. Mit Körben voll aufgeschnittenem Weißbrot, Bier und Wein ist ein beachtliches Büffet entstanden. Dahinter präsentiert sich der Vorstand der Kleintierzüchter. Die Männer sind mit weißen Schürzen, Kochmützen und Handschuhen bekleidet. So einen Aufwand betreibt man im Rathaus nur bei einem runden Geburtstag oder der Überreichung der Ehrenbürgermedaille.

Heribert bemerkt den kritischen Blick des Bürgermeisters und schließt mit den Worten: „Zum letzten Tagesordnungspunkt für heute möchte ich noch anmerken, dass es im Anschluss eine Verköstigung gibt. Auf der Speisekarte stehen: Taube im Speckmantel, Taubeneintopf und Taubensuppe mit Griesklößchen. Tauben sind eine Delikatesse, neben Wachteln und Fasanen. Das Fleisch ist rot und der Geschmack erinnert an Wild. Heutzutage stehen Tauben ja eher selten auf dem Speiseplan, zumindest bei der Hausmannskost, was uns jedoch nicht abhalten soll, davon zu kosten."

Die Damen und Herren des Stadtrates erheben sich und begeben sich zum Innenhof. Sie füllen ihre Teller vorsichtig und die meisten zögern mit dem ersten Bissen. Dann sparen sie jedoch nicht mit Lob. Das eine oder andere Gewürz wie Muskatnuss, Rosmarin, Wacholderbeeren und Dill wird herausgeschmeckt und die Rezepte mit den Köchen vom Kleintierzuchtverein besprochen.

Auch der Bürgermeister lässt sich einen Teller beladen. Er setzt sich neben Heribert, dessen Augen zufrieden auf den schlemmenden Kollegen ruhen. „Das hast du ja sauber hingekriegt." Man merkt es dem Bürgermeister an, dass er an dem Beschluss, den Taubenschlag in seinem Wohnviertel zu errichten, immer noch zu kauen hat.

Heribert spart sich eine Antwort darauf und so beginnt der Bürgermeister, sein Arrangement aus Taubenspezialitäten zu verzehren. Zum Schluss leckt er zufrieden mit der Zunge seine Lippen ab und streicht über seinen Bauch. „Lecker sind sie ja schon, die Täubchen. Vielleicht sollten wir einmal im Jahr ein Taubenessen veranstalten." Seine Mundwinkel wandern nach oben. Er freut sich über seinen guten Einfall: „Und der Erlös wird für den Erhalt des Taubenschlages genutzt."

Heribert stimmt ihm zu: „Das ist eine Superidee. Mit einem Schaunachmittag für die Bevölkerung und Aufklärung zum Fütterungsverbot, vor allem für die Kinder."

Der Bürgermeister nickt, lässt seinen schmutzigen Teller stehen und erhebt sich: „Ich werde meine Idee gleich dem Stadtrat vorstellen." Er fängt an zu schwärmen: „Ein Event rund um die Tauben in unserer Stadt. Natürlich mit einem Taubenbüffet für die Erwachsenen, passender Musik und einem Malwettbewerb für die Kinder."

Heribert lacht. Jetzt hat der Bürgermeister wieder die Oberhand. Wenn er den Bau des Taubenschlages schon nicht verhindern kann, will er wenigstens die Lorbeeren für den neuen Beschluss einheimsen. Schließlich geht es um die zukünftigen Wähler, die in den Genuss einer nahezu taubenfreien Stadt kommen sollen.

Heribert ist zufrieden. Der Bürgermeister und dessen Wähler sind ihm egal. Auch das delikate Essen. Er ernährt sich überwiegend vegetarisch und das schon immer. Wichtig für ihn ist nur, dass die Menschen die Tauben nicht nur als

„Ratten der Lüfte“ wahrnehmen. Tauben sind Wild- und Nutztiere und auch sie haben das Recht, auf unserer Welt artgerecht zu leben.

Försterliesel

Ferdinand macht ein mürrisches Gesicht und starrt auf den Feldhasen, der vor ihm an der Wand hängt. Die Fleischerhaken halten die zwei Hinterläufe, wie immer, wenn er einem Tier das Fell über die Ohren zieht. Als langjähriger Jäger macht ihm das Schlachten keine Probleme. Allerdings ist er seit einigen Jahren Witwer und mit dem Kochen kann er sich nicht anfreunden. Er verkauft das Fleisch der erlegten Rehe oder Wildschweine, Abnehmer gibt es genug. Doch hier liegt der Fall anders. Einen Hasen will heutzutage kein Mensch mehr haben. Hasenbraten ist aus der Mode gekommen, seit keine Not mehr vorherrscht. Nahezu jeder ist mittlerweile finanziell in der Lage, sich Schweine- und Rindfleisch beim Metzger oder im Supermarkt zu kaufen. Kleintierzüchter gibt es nur mehr wenige. Früher war es normal, dass sich hinter den Siedlungshäusern Hühner, Enten, Tauben und nicht zuletzt Hasen tummelten. Hasenbraten war eine willkommene Ergänzung zu den überwiegend fleischlosen Mahlzeiten der damaligen Zeit.

Ferdinand verflucht sich selbst dafür, dass er den Hasen geschossen hat. Aber die Hasen nehmen überhand in seinem Revier und so hat er einfach draufgehalten. Erschöpft geht er über den Garagenhof in das Wohnhaus, wo er nach dieser durchwachten Nacht auf der Pirsch erst einmal ein paar Stunden schlafen will.

Es ist noch immer kühl draußen und die Regentropfen in den Spinnweben glänzen wie Edelsteine. Erst gegen Mittag wird es der Sonne gelingen, den Nebel endgültig zu vertreiben. In einigen Tagen ist der erste November. Ferdinand graut davor. In dieser dunklen Zeit vermisst er die Gespräche mit seiner verstorbenen Frau ganz besonders.

Nach ein paar Stunden Schlaf schreckt Ferdinand hoch. Er hört Geräusche im Haus und steigt aus dem Bett. Lautes Gepolter! Da fällt es ihm wieder ein. Heute ist Samstag. Das wird die Putzfrau sein, eine Russin. Normalerweise arbeitet sie sehr ruhig, spricht kaum ein Wort und sieht von selbst, was zu putzen ist. Ferdinand kann gut damit leben, solange sie ihm seine Ruhe lässt. Doch heute scheint das nicht der Fall zu sein. Ferdinand zieht sich an, um nach dem Rechten zu sehen. Als er die Treppe hinabsteigt, hört er Geräusche aus der Küche und öffnet verwundert die Tür. „Was treiben Sie denn in der Küche?" Höflichkeit war noch nie so seine Sache gewesen.

Die Frau antwortet nicht. Vor seinen Augen wäscht sie den Hasen. Sie tupft ihn mit Küchenpapier trocken, bevor sie ihn mit Pfeffer und Salz einreibt. Dann nimmt sie die Speckscheiben, die sie bereits in einem großen Topf angebraten hat, heraus und legt den Hasen hinein. Hin und wieder wendet sie den Hasen, bis er von allen Seiten angebraten ist. Während sie die vorbereiteten Möhren, Sellerieknollen und Petersilienwurzeln in kleine Würfel schneidet, beginnt sie zu sprechen: „Sie müssen essen. Hase gut. In Deutschland niemals Hase gesehen in Supermarkt." Ferdinand ist sprachlos.

Die Putzfrau fährt seelenruhig fort: „Habe Gemüse gekauft, wird Festtagsbraten." Sie nimmt ein scharfes Messer und hackt blitzschnell eine Zwiebel und eine Knoblauchzehe in kleine Würfel.

Ferdinand staunt. Diese Frau weiß mit dem Messer umzugehen. Und mit dem Hasen auch, geht es ihm durch den Kopf. Die ist nicht zimperlich. Vor seinen Augen landen Gemüse, Zwiebel und Knoblauch bei dem Hasen im Topf und werden ein paar Minuten mit angebraten.

Die Putzfrau holt Sahne aus dem Kühlschrank und übergießt die angebratenen Zutaten im Topf großzügig. „Jetzt muss Hase eine Stunde köcheln." Sie strahlt ihn an: „Dann können wir essen, wie in Russland." Sie dreht sich um und geht hinaus zum Nebengebäude, wo sich das Schlachthaus befindet.

Ferdinand folgt ihr. Während die Frau das Schlachthaus putzt, säubert und verstaut er, ohne ein Wort zu verlieren, sein Gewehr im Waffenschrank. Als sie dann zurück in die Küche eilt, geht er in den Garagenhof, um sein Auto zu reinigen.

Das dauert gut eine Stunde und als er in die Küche zurückkehrt, ist der Tisch gedeckt. Für zwei. Wie in alten Zeiten. Er wäscht sich die Hände und setzt sich auf seinen angestammten Platz. Die Russin trägt das Essen auf, öffnet ein helles Bier und teilt es auf zwei Gläser auf. Sie prostet ihm zu: „Mein Name Elisabetha." Und Ferdinand antwortet: „Mein Name ist Ferdinand." Darauf sagt Elisabetha: „Richtig! Ist! Mein Name ist Elisabetha." Jetzt schaut sie Ferdinand direkt in die Augen. „Ich muss gut Deutsch lernen und du musst gut essen." Ferdinand nickt zustimmend. Beim Anblick der üppigen Portion auf seinem Teller läuft ihm das Wasser im Mund zusammen: „Guten Appetit." Und während er genüsslich den ersten Bissen kaut, kommt ihm ein Gedanke: „Du könntest ja ein paar Stunden länger bleiben und für mich kochen. Dann übe ich beim Essen mit dir Deutsch." Elisabetha runzelt die Stirn.

„Gegen Bezahlung natürlich", sagt Ferdinand. Er will auf keinen Fall, dass sie einen falschen

Eindruck von ihm bekommt. „Und wenn ich das nächste Mal auf die Jagd gehe, kannst du dem erlegten Tier gleich selbst das Fell über die Ohren ziehen.“

Elisabetha nickt zustimmend. Der Gedanke daran scheint sie nicht zu erschrecken und sie essen einträchtig weiter. Als die Teller leer sind, steht sie auf, holt eine Flasche Wodka aus Ferdinands Kühlschrank und schüttet zwei Finger breit in zwei ganz normale Trinkgläser. „Trinken. Auf Vertrag. Nasdarovje.“

Ferdinand prostet zurück: „Nasdarovje.“ Kaum zu glauben, welche Überraschungen dieses Leben noch für ihn bereit hält. Er trinkt seinen Wodka und lächelt leise in sich hinein. Elisabetha, der Name erinnert ihn an einen Film von früher: „Försterliesel“. Ferdinand ist zufrieden, ab jetzt soll Elisabetha das Ruder übernehmen. In der Küche zumindest.

Oma ist die Beste

Sechs endlos lange Wochen hatte ich bereits versucht, den Platz neben Michelle in der Vorlesung zu ergattern. Heute war es mir endlich gelungen. Bingo! Dies sollte ein großer Tag in meinem Leben werden. Scheinbar uninteressiert stellte ich meine Tasche mit dem Laptop seitlich neben mich auf den leeren Sitz, um dann direkt neben ihr Platz zu nehmen. Um meine Chancen auf diese Möglichkeit zu erhöhen, war ich seit einiger Zeit im Gang gestanden und hatte Michelle beim Hereingehen abgepasst, um ihr dann unauffällig in den Hörsaal zu folgen. Jetzt wollte ich erst einmal ungestört mit ihr sein. Meine Chance ergreifen, bevor die anderen Studenten unmittelbar vor Beginn der Vorlesung die Stuhlreihen fluteten. Ein tief angesetztes „Moing" kam über meine vor Aufregung trockenen Lippen, während ich mir eine störrische Locke aus der Stirn strich. Gott war ich froh, dass ich heute Morgen geduscht hatte. Entgegen meiner Gewohnheit, den Weckruf auf meinem Handy wegzudrücken und noch einmal an der Matratze zu horchen. Ich wusste aus früheren Gesprächen am Frühstückstisch mit meiner Oma, dass „sauer macht lustig“ nicht für Achselschweiß galt. Ich überlegte fieberhaft, wie ich es am besten anstellen konnte, mit ihr ins Gespräch zu kommen. Da fiel mein Blick auf ein Kochrezept, das ihr aus der Tasche rutschte. Maultaschen! Nach altem Oberpfälzer Rezept. Blitzschnell drängte sich eine passende Bemerkung in meinen Kopf und im Nu verließ sie ihn auch schon wieder – durch meinen vorlauten Mund: „So wie du aussiehst, isst du doch bestimmt sehr gerne.“

Michelle fiel die Kinnlade runter. Ihre Augen verwandelten sich in düstere Seen und sie zischte: „Hau bloß ab, Alter, sonst mach ich Hackfleisch aus dir.“

Ich war geschockt und noch während ich sie mit offenem Mund anstarrte, packte sie ihre Tasche und wechselte in eine andere Sitzreihe. Der Tag war im Eimer! In Anbetracht dieser Niederlage würde ich keineswegs mehr fähig sein, etwas Vernünftiges in meinen Kopf einzuschleusen, und heute an der Uni lieber mit Abwesenheit glänzen.

Ich setzte mich auf die Steintreppe vor dem Universitätsgebäude und überlegte, was ich trotz meiner vorübergehenden Bildungsunfähigkeit heute noch mit mir anstellen könnte. Wer oder was würde in der Lage sein, mich heute über den

Tag hinwegzuretten? Alleine und deprimiert in meiner Studentenbude wollte ich auf keinen Fall vor mich hin vegetieren und alle meine Freunde waren entweder in der Knechtschaft eines Arbeitgebers oder eben in dieser Universität.

Nach einigem fruchtlosen Hin- und Herdenken meldete sich mein Magen und es fiel mir wie Schuppen von den Augen. Maultaschen! Oberpfalz! Meine Oma war aus der Oberpfalz. Als ich geboren wurde, ist sie zu uns nach Dresden gezogen, als Haushälterin, wie sie sich selbst bezeichnete. Ja, Oma würde mir etwas Ordentliches zu essen machen. Hausmannskost! Dann war zumindest essenstechnisch gesehen der Tag gerettet. Ich stand auf und machte mich auf den Weg.

Gut eine halbe Stunde später klingelte ich an ihrer Tür. Sie hatte eine Einliegerwohnung im Haus meiner Eltern und wie immer rechnete ich damit, dass sie zuhause war, auch wenn ich unangemeldet vorbeischaute. Weit gefehlt! Diesmal öffnete niemand. Meine Eltern waren berufstätig und der Hausschlüssel befand sich im Studentenwohnheim in der Tasche mit der dreckigen Wäsche. Mir blieb also nichts anderes übrig, als mich auch hier auf die Eingangstreppe zu setzen und meinen Gedanken nachzuhängen. Als nach einiger Zeit erfolglosen Wartens zusätzlich noch leichter Nieselregen einsetzte, zog ich mir die Kapuze meines Pullovers über den Kopf und schloss gedanklich mit meinem Leben ab.

„Was machst denn du für ein Gesicht?“ Wie aus der gähnenden Leere des Weltalls stand plötzlich und unerwartet meine gertenschlanke, seit Neuestem rothaarige Großmutter vor mir. Geräuschvoll landete eine Sporttasche neben mir auf der Stufe.

„Ich warte hier auf dich! Schon ganz schön lange“, meine Stimme klang ziemlich vorwurfsvoll. Oma lachte. „Deine schlechte Laune hast du doch bestimmt schon mitgebracht, oder?“

Meiner Großmutter konnte man wirklich kein X für ein U vormachen. „Uni war heute voll für’n Arsch, Omi.“

Oma lachte weiter und sperrte sichtlich amüsiert die Haustüre auf. Mitleid sah für mich anders aus. „Wo warst du denn überhaupt mit der Sporttasche?“

„Im Fitnessstudio. Dort gehe jetzt drei Mal die Woche hin, zum Trainieren. Neue Wege gehen! Ist nach den anstrengenden Jahren mit deiner Erziehung ja auch endlich Zeit geworden.“

Mir verschlug es die Sprache. Dass meine Oma auf ihre alten Tage noch einmal eine Radikalkur in Sachen Lebensinhalt hinlegen würde, damit hatte ich nicht in meinen kühnsten Träumen gerechnet. Obwohl ich zugeben muss, dass ich von meiner Oma nicht träume. Gelegentlich vielleicht von ihrem leckeren Essen, aber im Allgemeinen wohl eher nicht.

„Jetzt hilf mir mal mit der Tasche und komm rein. Dann kannst du mir ja alles erzählen, so wie früher nach der Schule."

So gefiel mir das schon besser, nach der Schule hat immer eine leckere Mahlzeit auf mich zu Hause gewartet. Mit Nachspeise, meistens jedenfalls.

„Oma, es gibt da so ein Mädchen an der Uni. Michelle. Und heute habe ich mich neben sie gesetzt, bei der Vorlesung, also besser gesagt davor."

Meine Oma unterbrach mich: „Du hast dich vor das Mädchen gesetzt?"

Ich sprach langsam und deutlich weiter: „Nein Oma, ich saß direkt neben Michelle, aber die Vorlesung hatte noch nicht begonnen."

Oma ging um den Tisch herum und schnupperte an mir. „Na ja, geduscht hast du ja wenigstens."

Weiber, dachte ich bei mir und ohne darauf einzugehen, erzählte ich weiter, wie ich mit meiner Tasche vorausschauend den Nachbarplatz blockiert hatte und dann der Zettel mit dem Rezept aus Michelles Aktenmappe gerutscht war und ich sie gefragt hatte, was sie gerne isst. „Dann ist sie wie von einer Tarantel gestochen aufgesprungen und hat sich von mir weg gesetzt.

Verstehst du, Oma! Als wenn ich die Pest hätte. Keine Ahnung, was ich dieser blöden Ziege getan haben soll."

Oma runzelte die Stirn und, als ob sie ohne Last auf ihren Ohren besser denken könne, nahm sie ihre Brille ab und musterte mich. „Was *genau* hast du zu ihr gesagt? Kannst du dich an den genauen Wortlaut noch erinnern?"

Klar konnte ich das. Wie sollte ich denn mein Studium schaffen, wenn ich mir nicht einmal diesen einen unbedeutenden Satz hätte merken können? „Nicht besonders viel. Ich habe lediglich gesagt: So wie du aussiehst, isst du doch bestimmt sehr gerne."

Jetzt schnappte Oma nach Luft und lachte laut los. „Ha, ha, ha. Den Charme hast du von deinem verstorbenen Großvater!" Sie wischte sich die Tränen aus den Augenwinkeln und konnte sich gar nicht mehr beruhigen.

Verständnislos starrte ich meine emotional übermotivierte Großmutter an. Keinen Schimmer, was daran so lustig sein sollte. Für mich war das eine Niederlage auf ganzer Linie gewesen. Lustig ging bei mir anders.

Oma schluckte. „Aber warum hast du sie überhaupt angesprochen? Magst du seit neuestem dicke Mädchen?"

Ich war entrüstet. Wie kam Oma zu dieser Annahme? „Oma, du kennst Michelle doch gar nicht. Sie ist überhaupt nicht dick. Super Fahrgestell, erste Sahne."

Oma streichelte mit ihren Fingern liebevoll über meinen Arm. „Aber Junge, wenn du einer Frau sagst, dass man es ihr ansieht, dass sie gerne isst, ist das genauso, wie wenn du ihr sagst, dass sie fett ist. Und dabei kennen Frauen keinen Spaß."

Nun verstand ich endlich, was Michelle so aufgebracht hatte, und ich erzählte Oma auch noch den kläglichen Rest, auch das mit dem Hackfleisch. Endlich tröstete sie mich und wir beratschlagten, was wir mit dem angefangenen Tag noch anstellen könnten.

Kurz darauf standen wir Seite an Seite in ihrer Singleküche und arbeiten Hand in Hand an der Herstellung von Oberpfälzer Maultaschen. Mehl, Butter, Milch, Zucker, Salz und Eier hatte Oma in ihrem Haushalt. Die Sahne und den Zimtzucker holten wir aus der Familienküche meiner Eltern und die Äpfel aus dem Garten. Ich war überrascht, dass wir gemeinsam in dieser kleinen Küche so viel Spaß beim Kochen haben konnten. Im Gegensatz zu unserer hochmodernen Familienküche war dies eine Puppenküche.

Meine Aufgabe war es, die Äpfel zu waschen, zu schälen, zu vierteln, zu entkernen und dann die Viertel in kleine Apfelspalten zu schneiden. Danach durfte ich sie großzügig mit Zimtzucker bestreuen. Oma bat mich, den Backofen auf 220 Grad vorzuheizen, und verteilte gleichzeitig Butterflöckchen in der Bratpfanne.

Geschickt verarbeitete sie Butter, Salz und heiße Milch zu einem festen Teig und teilte diesen in einige gleich große Stücke, die sie dann mithilfe eines bemehlten Nudelholzes ausrollte. Sie bestrich die Teigplatten mit Butter und füllte sie mit den Apfelstückchen. Als die Maultaschen dann eine gute Viertelstunde im Ofen waren, durfte ich sie mit der Mischung aus Eiern, Sahne und dem restlichen Zucker übergießen. Zehn Minuten später war die Eiersahne gestockt und die Maultaschen goldbraun. Meine Oma nahm ein Geschirrtuch und stellte die heiße Pfanne auf die Herdplatte, damit sie etwas abkühlen konnte.

Es hatte aufgehört zu nieseln und so nahm ich den Klapptisch mit in den Garten, holte auch die zwei Klappstühle und deckte mit dem schlichten weißen Rosenthalporzellan meiner Großmutter. Wir schenkten uns Wasser ein und nahmen uns jeder eine große Portion. Es schmeckte herrlich! Die Sonne schien, die Bienen summten und während die Vögel über uns im Baum zwitscherten, versöhnte ich mich mit meinem morgendlichen Unglück. Als ich mich nach dem gemeinsamen Aufräumen von meiner Oma verabschiedete, sagte ich: „Siehst du, Oma, jetzt hat das Rezept mit den Oberpfälzer Maultaschen doch noch ein gutes Ende genommen."

Oma strich mir über den Kopf, so wie sie es früher immer getan hatte, und drückte mir eine Dose mit den Resten der Mehlspeise in die Hand. Zufrieden machte ich mich auf den Heimweg.

Was ich allerdings zu diesem Zeitpunkt noch nicht wusste, war, dass Michelle vor dem Studentenheim auf mich wartete. Sie wollte sich entschuldigen, da sie bemerkt hatte, dass ich wegen ihr die Vorlesung geschwänzt hatte. Sie hätte wohl etwas überreagiert. Zusammen aßen wir die Reste von den hausgemachten Oberpfälzer Maultaschen und Michelle war begeistert von meiner Kochkunst. Meiner Oma habe ich das nicht erzählt. Aber ich bin mir sicher, wenn ich Michelle das erste Mal zu meiner Familie mit nach Hause bringe, wird Oma mit ihrer speziellen Art zu fragen der Sache sowieso auf den Grund gehen.

Männerwirtschaft

Die mittägliche Sonne bricht durch die schon lichter werdenden Blätter der alten Kastanie neben der Parkbank am Eingang des Friedhofs und legt sich sanft auf das müde Gesicht von Siegfried. Wie um ihn zuzudecken, ihn über den schweren Verlust hinwegzutrösten, den er durch den Tod seiner Frau erlitten hat. Fast ein halbes Jahr lebt er jetzt alleine und die einsamen Stunden in dem viel zu großen Haus füllen Tag und Nacht. Während er über sein Leben nachdenkt, schließt er seine Augen und gibt sich seinem Selbstmitleid hin. Plötzlich packt ihn jemand an der Schulter, rüttelt an ihm und reißt ihn aus seiner Lethargie. Er öffnet seine Augen und sieht einen Mann, ungefähr in seinem Alter, direkt vor ihm stehen. Er schreit den Mann an: „Sind Sie verrückt geworden? Was fällt Ihnen ein!"

Der fremde Mann macht einen Schritt zurück und sieht Siegfried erschrocken an. „Ich dachte, Ihnen wäre etwas zugestoßen." Der Mann atmet erleichtert auf. „Etwas Schlimmes. Wie Sie da so bewegungslos auf der Bank saßen." Der Mann, bekleidet mit einer blauen Arbeitshose und der dazu passenden Jacke, dreht ihm den Rücken zu und geht. Laut genug, dass es Siegfried hören kann, murmelt er vor sich hin: „Und für meine Hilfsbereitschaft muss ich mich auch noch blöd anreden lassen."

Siegfried begreift. Alt und müde auf der Friedhofsbank sitzend, hatte er wohl so einen Eindruck hinterlassen müssen. Er ruft dem unbekannten Mann hinterher. „Entschuldigung. Ich wollte Sie nicht beleidigen, aber Sie haben mich so erschrocken. Es tut mir leid."

Und während er aufsteht, seinen Anzug glatt streicht und einen Schritt auf ihn zugeht, streckt er ihm seine Hand entgegen. „Siegfried Kammerl, Witwer, aus Nürnberg." Siegfried muss über seine eigenen Worte lächeln: „Aber das ist ja klar, was sollte ich sonst werktags und alleine auf dem Südfriedhof in Nürnberg machen."

Der fremde Mann erwidert seinen Händedruck. „Wilhelm. Wilhelm Tell." Er wartet auf den Kommentar seines Gegenübers bezüglich seines Namens. Sein ganzes Leben lang schon wurde er deswegen ausgelacht. Aber der erwartete Kommentar bleibt aus.

Siegfried überlegt angestrengt. Die Stirn zieht sich kraus und um seinen Mund entstehen tiefe Rillen. Es sieht fast so aus, als führten die Falten in seinem Gesicht ein Eigenleben. Auf einmal macht sich ein Lächeln auf seinem Gesicht breit: „Ich kenne Sie, Herr Tell! Sie hatten früher einen kleinen Blumenladen, am Friedrich-Ebert-Platz. Meine Frau kaufte regelmäßig bei Ihnen ein. Beim Blumen-Wilhelm, ist doch richtig, oder?"

Wilhelm nickt: „Ja, das ist aber schon ein paar Jahre her. Als meine Frau starb, habe ich den Laden aufgegeben. Einige alte Stammkunden sind mir geblieben, für die mache ich die Grabpflege." Wilhelm seufzt: „Damit die Tage nicht so lange werden."

Das konnte Siegfried verstehen. Obwohl er sich sein Leben lang nie an der Haus- und Gartenarbeit beteiligt hatte, beschäftigte er sich jetzt, im hohen Alter, freiwillig damit. „Sie könnten sich mal meinen Garten anschauen, ein paar Tipps könnte ich schon gebrauchen." Erwartungsvoll sieht Siegfried den Gärtner an. „Sie können morgen um die Mittagszeit kommen, dann lade ich Sie dafür zum Essen ein." Der nickt und geht wieder seines Weges.

Am folgenden Tag geht Siegfried schon früh morgens in die Metzgerei, um zwei Kilogramm gemischtes Gulasch zu kaufen, dann folgt der Gemüsehändler, bei dem er ein Kilo Zwiebeln, ein Kilo Kartoffeln und frische Paprika besorgt. Auf dem Rückweg kehrt er beim Bäcker ein, trinkt eine Tasse Milchkaffee und isst ein Stück Plundergebäck. Nachdem er das frische

Weißbrot sorgsam in seiner Tasche verstaut hat und damit mit seinen Besorgungen fertig ist, geht er zufrieden nach Hause.

Den Rest des Vormittags verbringt er damit, das Gulasch zu kochen. Er brät das Fleisch an, gibt Zwiebeln und Paprika dazu, danach die geschälten und geviertelten Kartoffeln und drei Packungen Gulaschgewürz. Siegfried deckt den Tisch ein und öffnet die Tür, als Wilhelm wie vereinbart um halb Zwölf klingelt. Nach einer ausgiebigen Gartenrunde, bei der Siegfried richtig Lust bekommt, mit Hilfe seines neuen Bekannten die Wildnis der vergangenen Jahre zu zähmen, gehen sie in die Küche.

Die beiden Senioren essen schweigend von dem Gulasch und genehmigen sich ein Bier. Als sie mit dem Essen fertig sind, bemerkt der Gärtner Wilhelm den großen Topf Gulasch, der noch immer leise vor sich hin köchelt. „Wen erwartest du denn noch zu Besuch heute?" Siegfried weiß erst gar nicht, was Wilhelm damit meint, steht dann aber auf und nimmt den Topf vom Ofen. „Ich koche immer so große Mengen. Das friere ich dann ein und so habe ich über Wochen etwas zu essen."

Wilhelm sagt erstmals gar nichts. Doch dann kommt die Frage, die ihm auf der Zunge liegt, doch noch über seine Lippen: „Und das schmeckt dir?"

Siegfried lächelt verlegen: „Macht auf alle Fälle satt. Ich kann ja nicht jeden Tag essen gehen."

Wilhelm nickt. „Ich musste schon immer kochen. Meine Frau war bis zur Mittagspause im Blumenladen. Ich musste bei meinen Einkaufsfahrten das Gemüse und Obst für uns daheim gleich mit einkaufen." Er zeigt belustigt auf den riesigen Topf mit dem Gulasch. „So eine Ration Fleisch hätte bei uns einen ganzen Monat gereicht. Wir haben uns überwiegend von den Beilagen ernährt."

Das wiederum konnte man sehen. Siegfried sieht schuldbewusst auf seinen Bauch, der bei weitem den Umfang von Wilhelms Bauch übertraf. Dann gesteht er: „Ich empfinde das Kochen eher als Last. Ich denke nicht viel darüber nach. Es muss schnell gehen und satt machen."

Daraufhin lädt Wilhelm ihn zu sich nach Hause ein, um einmal gemeinsam zu kochen. Siegfried stimmt widerwillig zu.

Der gemeinsame Kochabend wird jedoch zum vollen Erfolg. Von Musik und einer Flasche Weißwein begleitet, zaubern die beiden Herren zusammen das erste vegetarische Gericht, das Siegfried je in seinem Leben gegessen hat. Abgesehen von gelegentlichen Mehlspeisen natürlich.

Begeistert fragt er Wilhelm: „Vielleicht könnten wir das ab jetzt jede Woche einmal machen. Einmal bei mir und einmal bei dir?"

Wilhelm gibt ihm die Hand darauf und sie verabschieden sich.

Pfeifend geht Siegfried nach Hause. Denn auch in seinem Alter macht es mehr Freude, gemeinsam zu kochen und zu essen.

Kartoffelsuppe

„Oma, hast du den Komposteimer rausgetragen?“ Leonie geht unverrichteter Dinge zurück in die Küche. „Ich hab dich gar nicht rausgehen sehen.“

Frieda, die Oma von Leonie, sitzt seelenruhig am Tisch und liest die Tageszeitung.

Leonie, die keine Antwort erhalten hat, nörgelt: „Oma, das brauchst du doch nicht! Ich wollte mir nur schnell meine Stiefel anziehen, damit die Socken nicht nass werden vom Schnee.“ So ist das, denkt Leonie und beißt sich auf die Zunge. Immer das gleiche Lied. Jeden zweiten Samstagvormittag besucht sie ihre Großeltern, um ihnen im Haushalt zu helfen. Als sie heute früh um acht wie gewohnt ankam, war bereits die Einfahrt freigeschippt und ein frischer Hefezopf fürs Frühstück stand auch schon auf dem Tisch.

Oma legt die Zeitung beiseite und nimmt ihre Lesebrille ab. „Da bist du auf dem Holzweg, mein Kind. Ich war nicht draußen! Keine Ahnung, wo du den Abfall hingestellt hast.“

Leonie fährt sich mit ihrer Hand über die Stirn und stöhnt: „Das geht doch nicht mit rechten

Dingen zu!“ Sie schaut sich um, findet aber nirgends den Eimer mit den Speiseresten. „Jetzt essen wir erst einmal, danach wird es mir hoffentlich wieder einfallen.“ Sie nimmt drei tiefe Teller aus dem Schrank und füllt diese mit Kartoffelsuppe. Dazu stellt sie drei Gläser auf den Tisch und schenkt für sich und die Großmutter Wasser ein. Ihr Großvater Wilhelm bekommt ein kleines Bier, wie er es seit Jahr und Tag gewohnt ist. Als Leonie fertig ist, holt sie ihren Opa. Der ist jedoch nicht wie erwartet im Wohnzimmer vor dem Fernseher. Leonie klopft an die Schlafzimmertür und geht hinein. Sie traut ihren Augen nicht! Mitten auf dem Nachtkästchen neben dem Bett ihrer Großmutter steht der Eimer mit den Kartoffelschalen. Als Leonie Anstalten macht, den Eimer mitzunehmen, schnauzt ihr Großvater sie an: „Lass den Eimer stehen! Der gehört mir! Schau, dass du verschwindest.“ Er packt Leonie am Arm und zerrt sie in die Küche.

Leonie jammert: „Was ist denn in dich gefahren, Opa?“, aber Oma Frieda legt ihren Zeigefinger auf den Mund, schließt die Augen und zischt „Pscht“. Dann steht sie auf, legt den Arm um ihren Mann und führt ihn zum Tisch. „Hast ja recht, Wilhelm, morgen kochen wir aus den Schalen eine gute Suppe.“

Leonie ist perplex. Schweigend setzt sie sich mit an den gedeckten Tisch. Wilhelm spricht ein kurzes Tischgebet und sie essen gemeinsam in aller Stille.

Nach dem Essen befiehlt ihre Oma: „Wilhelm, geh ins Wohnzimmer fernsehen, Abwasch ist Frauensache" Wilhelm gehorcht und als sich die Tür hinter ihm geschlossen hat, fängt Oma Frieda an, zu erzählen: „Weißt du, Kind, der Wilhelm wird jetzt bald neunzig Jahre alt und er lebt immer mehr in der Vergangenheit. Damals, nach dem Krieg, als wir so alt waren wie du jetzt, war die Not besonders groß. Nachdem die Besatzungsmächte Deutschland unter sich aufgeteilt hatten, brach die Versorgung mit Lebensmitteln komplett zusammen. Als dann auch noch die Kartoffelernte ausfiel, weil kein Saatgut aufzutreiben war, strich der Hunger durch das ganze Land. Wir sammelten Holler, Pilze und Bucheckern im Wald, wie hunderte Andere auch. Wenn wir Glück hatten, konnten wir Abfälle von den großen Bauern ergattern und eine Suppe aus Kartoffelschalen kochen."

Leonie schaut betreten drein: „Das tut mir leid, Oma. Natürlich kenne ich die Geschichten vom Krieg, aber ich kann mir das nicht vorstellen. Bei uns ist der Kühlschrank immer voll."

Oma lächelt beschwichtigend: „Ist ja auch gut so, mein Kind. Wir nagen ja heute auch nicht am Hungertuch. Heutzutage ist es normal, dass alle Essen in Hülle und Fülle haben. Aber dein

Opa wird halt langsam ein wenig seltsam. Am besten, wir lassen ihn einfach in Ruhe. Wenn du heimgehst, hole ich den Komposteimer aus dem Schlafzimmer. Für morgen mache ich uns den Rest der Suppe warm und sage Wilhelm, dass ich die Schalen mit verkocht habe.“ Oma Grete steht auf und räumt die Spülmaschine ein.

Leonie wischt den Tisch und die Arbeitsfläche ab. Dann macht sie sich auf den Weg nach Hause. Aber nicht, ohne ihrem Großvater Wilhelm vorher auf Wiedersehen zu sagen.

Als Leonie das Haus ihrer Großeltern verlässt, schweift ihr Blick über den großen Garten. Auf den knorrigen Ästen der Apfel- und Zwetschgenbäume liegen Hauben aus Schnee und die elastischen Ruten der Johannisbeeren biegen sich unter ihrer schweren weißen Last. Die Januarsonne zaubert goldene Lichter auf den Schnee und verleiht der Natur eine besonders angenehme Ruhe. Die Gemüsebeete hinterm Haus sind schon lange abgeerntet, bis auf den Zuckerhut, der durch ein Vlies geschützt, immer noch frischen Salat liefert.

Leonie kommt es vor, als sehe sie den Garten ihrer Großeltern das erste Mal. Seit heute ist er nicht mehr nur der Spielplatz ihrer Kindheit, sondern auch ein wichtiger Lebensmittellieferant.

Ein gutes Rezept gegen Probleme

Leo legt ein großes Scheit Buchenholz im Kaminofen nach und geht zurück an den hölzernen Küchentisch. Wie fast jeden Tag seit seiner Pensionierung vor zehn Jahren, liest er vormittags in aller Ruhe die regionale Zeitung. Plötzlich wird er von einem lauten Geräusch gestört! Seine Gattin. Wenn Lissi die Türen zuknallt, verheißt das meist nichts Gutes. Allerdings hat seine Frau trotz ihrer siebzig Jahre noch immer Hummeln im Hintern, wie Leo es insgeheim nennt, und er wird die Situation vorerst nicht überbewerten. Erneut beugt er sich über seine Zeitung und denkt: Welche Laus ist der wohl über die Leber gelaufen? Dabei blättert er um und beschließt für sich: Am besten ich tue, als hätte ich nichts bemerkt.

Leos Frau dagegen scheint hier anderer Meinung zu sein. Wie eine Furie stürmt sie in die Küche und wettert los: „Stell dir vor, Leopold, was passiert ist."

Leo legt seine Zeitung zur Seite. Wenn Lissi

ihn Leopold nennt, ist an Zeitunglesen nicht mehr zu denken.

„Hörst du mir überhaupt zu, Leopold?" schreit Lissi, die immer sehr laut wird, wenn sie nicht die gewünschte Aufmerksamkeit erhält.

Leopold schaut seiner Frau in die Augen: „Aber natürlich, meine Liebe. Was ist denn Furchtbares geschehen?", dabei bemerkte er den hellblauen Lidschatten über den schwarz umrandeten Augen. Für seinen Geschmack etwas zu viel des Guten, aber er hatte nicht wirklich eine Ahnung davon.

Lissi atmet tief ein, um dann in Zeitlupe fortzufahren: „Die vom Frauenbund wollen noch vor Weihnachten ein Rezeptbuch zusammenstellen. Das soll dann am Weihnachtsmarkt verkauft werden."

Leopold ärgert das affige Verhalten ein wenig. Er weiß nicht, wo hier das Problem liegen soll, und will der Sache auf den Grund gehen: „Jetzt mal raus mit der Sprache, Lissi! Wo liegt denn hier der Hund begraben?"

Erschöpft lässt Lissi sich auf den nächstbesten Küchenstuhl fallen: „Hund? Ich würde eher Schwein sagen, oder Rind."

Doch Leo hat genug vom Rätselraten und droht seiner Frau: „Entweder du sagst mir jetzt sofort, was du für ein Problem hast, oder ich lese meine Zeitung fertig."

Lissi klappert aufgeregt mit ihren Absätzen auf dem Fliesenboden, als würde sie in ihre alte Schreibmaschine hacken. „Das Problem ist, ich kann mir doch kein Kochrezept aus den Fingern saugen!" Wie um das eben Gesagte zu unterstreichen, hebt sie ihre Hände und hält Leo die rot lackierten Fingernägel entgegen.

„Das ist doch kein Problem", in Gedanken ist Leo schon wieder bei seiner Zeitung. „Mach doch aus einer Mücke keinen Elefanten." Seine Hände suchen bereits nach dem bedruckten Papier. „Sag ihnen doch einfach die Wahrheit, dass du überhaupt nicht kochen kannst."

Lissis Gesicht wechselt vom hellbraunen Zustand ihres Tages-Make-ups in den Status „gekochter Hummer". „Bist du verrückt? Niemals! Diese Blöße werde ich mir nicht geben. Lieber bezahle ich jemanden dafür, mir ein typisches Rezept nach Großmutters Art aus unserer Region zu verraten."

Leo staunt: „Du willst dich wirklich mit fremden Federn schmücken?"

Lissi schnauft: „Ist mir doch egal. Hauptsache, ich kann auch ein Rezept beisteuern."

„Na gut", sagt Leo. „Wenn ich mich richtig erinnere, hatte Deutschlands erster Fernsehkoch, Clemens Wilmenrod, auch keinen blassen Schimmer vom Kochen. Wilmenrod hat sogar ein Kochbuch geschrieben! Na ja, zumindest veröffentlicht, mit dem Titel ‚Es liegt mir auf der Zunge'." Leo lacht, dieser Gedanke amüsiert ihn sichtlich.

„Leopold, bitte, mit diesem alten Quatsch lockst du doch keinen Hund mehr hinter dem Ofen vor. Alles, was ich brauche, ist ein einziges Rezept! Schließlich werden alle Teilnehmerinnen fotografiert und auf der Seite mit ihrem Rezept abgebildet."

Jetzt war die Katze aus dem Sack. Leo weiß endlich worauf Lissi hinauswill. Er lacht: „Ja und du, meine Liebste, wirst für dieses Foto bestimmt keinen Schurz und kein Kopftuch tragen."

Die Antwort bleibt Lissi schuldig. Sie weiß genau, wann es besser war, einfach einmal nichts zu sagen.

Leo überlegt laut: „Es darf doch kein so großes Problem sein, ein passendes Rezept im Internet zu finden. Ich ändere den Wortlaut ein wenig ab, mache aus einer Prise eine Messerspitze und schon hast du dein Rezept." Er kratzt sich an der Glatze: „Du musst dich nur entscheiden, ob du Rind oder Schwein bevorzugst, Lissi."

Erfreut springt Lissi auf und küsst Leo auf seine faltige Wange: „Danke, Leo, das ist wirklich fantastisch. Ich nehme Rind, das ist teurer und nicht so gewöhnlich wie Schwein." Damit ist dieses Problem für Lissi gelöst und sie wendet sich dem nächsten zu. „Ich gehe jetzt lieber, damit du alles in Ruhe recherchieren kannst. Schließlich brauche ich ein neues Kleid für das Foto im Kochbuch. Das wird allerdings etwas dauern, mein Liebster, also lass dir ruhig Zeit“, flötet sie und schickt sich an, das Haus zu verlassen.

Leo sieht seiner immer noch sehr attraktiven Frau hinterher und ist zufrieden. Lissi hat ihn wieder Leo genannt, außerdem mein Liebster zu ihm gesagt, jetzt kann er in aller Ruhe seine Zeitung fertig lesen.

Alles Tupper, oder was?

Draußen tobt ein Sturm wie aus dem Bilderbuch. Eiskristalle fegen durch die Luft und bleiben dann auf der gefrorenen Erde liegen. Der orkanartige Wind treibt die Schneemassen vor sich her. Obwohl es erst später Nachmittag ist, hat es den Anschein, als ob dieser Tag schon sein Ende nehmen würde.

Drinnen, im Haus der Familie Bauer, ist die Stimmung nicht viel besser. „Von mir aus kann diese Tupper-Verkäuferin hingehen, wo der Pfeffer wächst!“ Eberhards Worte donnern durch die Küche und stehen dem draußen tobenden Unwetter in nichts nach.

Seine Frau Erika sitzt stocksteif auf dem alten Holzstuhl und zupft nervös an ihren Fingernägeln. So hat sie sich den Nachmittag nicht vorgestellt. In geselliger Runde wollte sie ein paar unterhaltsame Stunden bei einer Tupper-Vorführung verbringen. So war der Plan gewesen. Bewusst hatte Erika keinen Abendtermin geplant, sondern den Nachmittag gewählt. Sie wollte eine Auseinandersetzung mit ihrem Mann Eberhard vermeiden.

Dass gerade heute draußen die Welt unterzugehen schien und ihr Gatte deshalb nicht zu seinem geliebten Treffen vom Sportschützenverein fahren würde, konnte sie ja wirklich nicht im Voraus wissen.

Zaghaft setzt sie an: „Aber Eberhard, ich konnte doch nicht ahnen, dass du gerade heute daheim bist."

Eberhard schlägt mit seiner flachen Hand auf den Tisch. „Das macht es doch nicht besser, oder? Dann hättest du mich einfach hinters Licht geführt! Nach dem Motto: Was ich nicht weiß, macht mich nicht heiß."

Erika seufzt: „Ich muss doch nichts kaufen. Aber wenn alle vom Sportverein einmal dran sind, kann ich mich auch nicht drücken."

Das scheint Eberhard einzuleuchten, schließlich ist auch er bei einigen Vereinen im Ort engagiert. „Und wo, denkst du, soll ich mich so lange aufhalten? Ihr belagert die Küche und das Wohnzimmer." Er sieht sie vorwurfsvoll an. „Soll ich mich in Luft auflösen?", der Zynismus in seiner Stimme war nicht zu überhören.

Erika überlegt: „Schau es dir doch einfach mit an. Bei diesem Wetter werden die meisten sowieso nicht kommen." Sie schmeichelt ihm: „Dann bist du heute der Hahn im Korb. Auch nicht schlecht, oder?"

„Na ja", Eberhard steht auf. „Immer noch

besser, als im Schlafzimmer abzuwarten bis die Meute wieder weg ist.“ Daraufhin geht er leise vor sich hin frotzelnd hinaus und räumt den Schnee vom Garagenhof.

Ein paar Minuten später trifft auch schon die Tupper-Beraterin ein und bereitet ihre Präsentation vor. Sie bittet Erika, ihren Herd anzuschalten, damit sie den vorbereiteten Rheinischen Sauerbraten fertigschmoren kann. Als Beilage hat sie Bandnudeln dabei, die bereits im Sieb-Servierer liegen und später nur noch mit heißem Wasser übergossen werden müssen. Alle dafür notwendigen Zutaten hat sie noch einmal mitgebracht, um mit allen gemeinsam eine zweite Portion vorzubereiten. Nach und nach trudeln die Damen ein. Keine wollte sich diesen Nachmittag entgehen lassen, trotz des miserablen Wetters. Die Beraterin kann pünktlich beginnen und begrüßt die Damen samt dem einen Herrn. Jetzt braucht sie nur noch jemanden, der ihr assistiert und das Essen vorbereitet, während sie die dazu benötigten Artikel zeigt und vorstellt. Ihre erste Wahl ist Eberhard und zu Erikas Verwunderung stellt er sich bereitwillig zur Verfügung. So misst er mit Hilfe des Maßliebchens zwei Tassen Essig, zwei Tassen Wasser, ein Lorbeerblatt, sechs Pfefferkörner und einen halben Teelöffel Senfkörner ab. Er schneidet auf der Mamsell, dem ovalen Schneidbrett, die geschälte Zwiebel in Ringe und eine Möhre in kleine Scheibchen. Danach zerkleinert Eberhard den Sellerie und schneidet den Lauch in Ringe.

Die anwesenden Damen sind beeindruckt und sparen nicht mit Lob für Eberhards geschicktes Vorgehen. Geschmeichelt pfeift er leise vor sich hin, während er alles mit einer halben zerkleinerten Petersilienwurzel noch verfeinert und kurz aufkochen lässt. Jetzt muss der Sud nur noch abkühlen.

Nun erklärt die Beraterin: „Diesen Sud über ein Kilogramm Rindfleisch geben und zwei bis vier Tage in der großen Clarissa beizen. Danach herausnehmen, abtrocknen und wie gewohnt anbraten. Zwei Tassen heiße Fleischbrühe, eine Tasse Beize drüber und zugedeckt 90 Minuten schmoren lassen. Den Rest kann uns Eberhard wieder vorführen.“ Sie wendet sich Erikas Mann zu: „Bitte, Eberhard, nimm doch den vorbereiteten Sauerbraten vom Herd.“ Eberhard tut wie ihm geheißen und benutzt zu Erikas Verwunderung sogar ihre Küchenhandschuhe. Er gießt eine halbe Tasse des vorbereiteten Rotweins darüber, bindet die Soße mit etwas Mehl und gibt großzügig Crème fraîche dazu. Dann dürfen alle Frauen zu ihm an den Herd kommen und auf einem Kuchenteller von dem aufgeschnittenen Braten und der Soße nehmen. Die Tupper-Verkäuferin reicht die inzwischen zubereiteten

Bandnudeln dazu und alle sind begeistert von dem vorzüglichen Sauerbraten. Die Damen bestellen eine Menge der ausliegenden Produkte. Alle, bis auf eine. Erika muss nichts bestellen. Ihr Gatte Eberhard hat sich schon für die große Clarissa entschieden.

„Morgen“, sagt er seiner Frau Erika, „kauf ich beim Metzger ein Kilo Rindfleisch. Ein richtig gutes Stück. Am Sonntag gibt es dann Rheinischen Sauerbraten à la Eberhard.“

Die falsche Gans

„Schuhe ausziehen, ich habe geputzt!“ Hildegard muss über ihre Enkelin Julia schmunzeln. Diesen Satz hatte sie schon hundert Mal selbst gesagt. Zwei Generationen, Tochter und Enkeltochter, hatte sie häufig so an der Haustüre empfangen. „Beruhige dich, Julia, wir haben unsere Hausschuhe dabei.“ Hildegard stellt ihren Korb ab, reicht ihrem Mann Franz seine Schlappen und schlüpft in ihre Filzpantoffel. Dann folgen beide ihrer Enkelin Julia ins Wohnzimmer und setzen sich an den festlich gedeckten Tisch.

Franz eröffnet das Gespräch: „Grüß Gott beieinander.“ Dabei streift sein Blick von seiner Tochter zum Schwiegersohn und dessen Eltern, dem anderen Großelternpaar von Julia. „Die letzten fünfzig Jahre haben wir unsere Weihnachtsgans immer daheim gegessen.“ Dann schweigt er. Wie ein zu Fleisch gewordener Vorwurf sitzt er auf dem freischwingenden Lederstuhl und starrt die Tischdekoration an. Auf der leuchtend roten Tischdecke tummeln sich schwarze Weihnachtskugeln, in allen erdenklichen Größen.

Hildegard versucht, ihren Mann zu beruhigen. „Jetzt sei doch endlich ruhig, Franz. Die Zeiten ändern sich eben! Ich finde es sehr nett von Julia, dass sie uns heute alle eingeladen hat.“ Dabei wandert ihr Blick zu ihrer Enkelin. Julia sieht bezaubernd aus in dem luftigen roten Kleid, mit der schwarzen Samtschleife um die schlanke Taille.

Auch ihr Opa Franz mustert sie eingehend. „Deine Oma trägt zum Kochen immer eine Schürze. Aber das ist wohl auch aus der Mode gekommen?“ Und während Julia den silbernen Platzteller vor ihn auf den Tisch stellt, schiebt Franz einen der Kerzenständer ein Stück zur Seite. Er nörgelt weiter: „Da weiß man ja gar nicht mehr, wo man essen soll, bei dem ganzen Firlefanz.“

Julia lacht, „Ja, Opa, daran wirst du dich gewöhnen müssen. Außer, du kommst nicht mehr mit, wenn ich euch zu mir nach Hause einlade.“

So, denkt Hildegard bei sich, jetzt ist es also schon ihr Zuhause. Julia ist das Heiligtum von Franz und steht ihm in ihrer Sturheit in nichts nach. Dass sie wieder zurück ins Elternhaus kommt, wird er sich wohl abschminken müssen. Ihr Blick sucht den Rest der Familie, der betreten schweigt. Keiner von ihnen sucht freiwillig den Konflikt mit Franz, der festgefahren in seinen alten Ansichten ist.

Alle, außer seiner Enkelin Julia, die zurück in die Küche geht. „Essen ist fertig! Nehmt euren Teller und kommt. Dann kann sich jeder selbst bedienen."

Franz schnauft: „Ich hol mir mein Essen doch nicht selbst aus der Küche." Er reicht Hildegard seinen Teller, „Du weißt am besten, was ich will, und bring mir ein Bier mit." Ungelenk greift er nach dem kristallenen Weinglas und stellt es neben den beiseitegeschobenen Kerzenständer. Als seine Frau den voll beladenen Teller vor ihm abstellt, benutzt er die polierte Gabel, um das Blaukraut mit der Soße zu vermischen. Danach schneidet er den Kartoffelkloß in kleine Stücke und nimmt den knusprigen Schlegel in die Hand. Er beißt genüsslich ab und während er noch auf dem gewaltigen Brocken herumkaut, weist er Julia an: „Bring mir ein Geschirrtuch für meine Hände und einen Teller für die Knochen."

Reihum nimmt der Rest der Familie Platz. Julia bringt das Geschirrtuch und den zusätzlichen Teller zu ihrem Opa und setzt sich zu ihren Gästen. „Ich freue mich, dass ihr alle gekommen seid, und wünsche euch allen einen guten Appetit. Auch dir, Opa." Mit ihrem Weinglas prostet sie den Gästen zu und sie beginnen mit dem Essen. Außer Opa, der seinen Teller schon fast leer gegessen hat.

Während sich die lobenden Worte über die

vorzügliche Weihnachtsgans mit den Fragen über ihr neues Leben alleine in der Stadt abwechseln, nimmt sich Opa Franz noch einen Nachschlag. Keiner bemerkt, dass er ganz alleine in die Küche geht, sich selbst bedient und wieder seinen Platz einnimmt.

Als alle fertig sind, räumen sie gemeinsam den Tisch ab und Julia verstaut die Reste des Fleisches in dem immer noch warmen Gänsebräter.

Opa Franz nutzt die Gelegenheit und stellt sich zu seiner Enkelin Julia in die Küche. „Weißt du, Julia, richtig finde ich das nicht mit diesen neuen Tischmanieren. Früher hat der Mann im Haus immer als erstes sein Essen bekommen, das beste Stück Fleisch. Schließlich hat er ja hart gearbeitet. Er musste sich nicht selbst bedienen, dafür gab es ja eine Frau." Man hört aus seiner Stimme heraus, dass er das noch immer als sein Recht ansieht. „Und die Kinder waren ruhig am Tisch. Erst wurde gebetet und dann war Ruhe, bis der Vater fertig war und er als erster wieder aufstand."

Julia geht zur Kaffeemaschine und füllt den Wassertank.

„Nur ein einziges Mal habe ich auf mein Recht verzichtet."

Nun hält Julia inne. Dass ihr Großvater jemals freiwillig im Haushalt geholfen hat, kann sie sich gar nicht vorstellen.

Ihr Opa fährt fort: „Als deine Mutter geboren wurde, war es ja kurz vor Weihnachten und deine Oma konnte nicht aufstehen, sie musste im Bett bleiben. Da hat sie mich zum Bauern geschickt, damit ich eine Weihnachtsgans hole. Die Gans war riesig und dementsprechend teuer, darum habe ich eine Ente genommen. Oma hat mir alles erklärt, das mit dem Ausnehmen, Würzen, Braten und Übergießen. Es hat Stunden gedauert, aber irgendwann war die Ente fertig. Anstatt Klöße habe ich Kartoffeln gekocht und auch ohne Blaukraut und diesem Schnickschnack auf dem Tisch war unser Essen ausgezeichnet."

Da öffnet sich die Tür und Oma Hildegard tritt ein. „So, Franz, erzählst du gerade von unserem ersten Weihnachtsfest?" Sie streicht ihrem Mann liebevoll über den Arm. „Ja, Julia, so ist das. Dein Opa beharrt immer noch auf den alten Sitten. Aber wenn es darauf ankommt, wirft er alle Gewohnheiten über Bord und tut, was zu tun ist."

Franz zeigt auf den Gänsebräter. „Daher weiß ich auch, dass du uns eine Ente untergejubelt hast. Von wegen Weihnachtsgans." Stolz klopfte er mit dem Zeigefinger gegen seine Brust. „Und ich habe es als Einziger bemerkt."

Julia lacht: „Da hast du recht, Opa. Aber den anderen sagen wir nichts davon, okay?" Sie erklärt ihren Großeltern: „Ich war zu spät dran und die Gänse waren ausverkauft. Da habe ich eine große Ente genommen." Sie wendet sich an Hildegard. „Oma, du gehst jetzt wieder hinein und sagst niemandem ein Sterbenswörtchen." Zu Franz aber sagt sie: „Und du, Opa, bringst jetzt mit mir für alle anderen den Kaffee hinüber. Natürlich mögen wir dich alle so wie du bist, aber die Zeiten haben sich eben geändert."

Still tut Franz wie ihm geheißen. Er weiß, wenn er seine Enkelin in seinem Leben behalten will, muss auch er seinen Teil dazu beitragen. Ihren sturen Schädel nämlich, den hat sie von ihm geerbt.

Eine diplomatische Beziehung

Georg startet den alten Opel Diplomat und fährt aus der Garage, während seine Frau Waltraud ohne Punkt und Komma auf ihn einredet: „Du kannst nicht immer nur Fleisch essen, das ist wirklich ungesund. Ich meine es ja nur gut."

Gut gemeint. Ja, ja, denkt Georg und streicht liebevoll über das Lenkrad seines Wagens. Am liebsten würde Waltraud seinen Oldtimer verkaufen. Dieser ist inzwischen ein kleines Vermögen wert. Aber da beißt sie auf Granit. In dieser Angelegenheit hat immer noch er das letzte Wort. Bereits seit 1970 fährt er diesen Opel Diplomat. Die ersten fünf Jahre als Chauffeur seines Chefs und später, nachdem der das Auto an ihn verkauft hat, als Privatwagen. 1977 wurde die Produktion dieser viertürigen Limousine der Oberklasse endgültig eingestellt und mittlerweile ist sein liebevoll gepflegter Weggefährte eine kostbare Rarität geworden. In all den Jahren hat er diese Nobelkarosse wie seinen eigenen

Augapfel gehütet und daran würde sich, solange er noch lebte, auch nichts ändern. Für kein Geld dieser Welt!

„Du hörst mir doch überhaupt nicht zu! Da kann ich doch gleich gegen die Wand reden", Waltraud redet sich immer mehr in Rage.

Georg horcht auf. Es war an der Zeit, etwas zu sagen, sonst würde diese Sonntagsausfahrt kein Vergnügen werden. „Jetzt lass doch die Kirche im Dorf, Waltraud. Zu einem richtigen Sonntag gehört eben auch ein Schweinebraten mit Kloß."

Waltraud zieht ihre Augenbrauen hoch und sieht Georg strafend an. Er weiß, dass auf diese Miene nur eine Gardinenpredigt folgen kann. „Also gut, Waltraud. Ich mache dir ein Friedensangebot. Falls es in dem Wirtshaus eine Scholle gibt, werde ich Fisch essen." Georg glaubt allerdings nicht daran. Meist gab es ab Ende August nur Karpfen und Forellen aus den heimischen Weihern. Und in der Hoffnung darauf, lässt er sich auf diesen Kuhhandel ein.

Zufrieden über ihren Sieg schaut Waltraud aus dem Fenster und ergötzt sich an den herrlichen Mischwäldern. Nur noch für kurze Zeit würde das Laub diese intensiven Farben behalten. Vereinzelt setzt schon die Herbstfärbung ein und die Blätter werden zunehmend trockener. Besonders nach diesem Sommer, der heiß und regenarm war. Im Handumdrehen vergehen die Minuten und die dreißig Kilometer auf der Landstraße liegen hinter ihnen. Georg und Waltraud sind an ihrem Ziel angelangt.

„Schau, Georg", noch bevor Waltraud etwas zu trinken bestellen konnte, studiert sie schon eingehend die Speisekarte. „Scholle mit Kartoffelsalat. Du kannst dir ja noch einen Beilagensalat dazu bestellen."

Georg traut seinen Augen nicht. Gleich neben „Karpfen im Bierteig" und „Forelle Müllerin Art" stand „Schollenfilet". Er schluckt: „Jetzt hör mir mal zu, Waltraud. Während meiner ganzen Kindheit habe ich kein Stück Fleisch bekommen. Früher hatte nur der Vater Fleisch auf dem Teller. Und später, als ich endlich älter wurde, bekamen meine Brüder das übrige Fleisch vom Vater, schön der Reihe nach. Ich war der Jüngste!" Georgs Stimme wird immer lauter und die Gäste der umliegenden Tische schauen schon neugierig in seine Richtung. „Und das bei fünf Geschwistern! Erst als ich dich geheiratet habe, kam für mich Fleisch auf den Tisch."

Waltraud legt beschwichtigend ihre Hand auf die seine. „Das weiß ich doch, natürlich, aber zu viel Fleisch ist eben ungesund. Und …", sie holt tief Luft bevor sie mit Nachdruck sagt, „versprochen ist versprochen". Damit ist der Fall für sie erledigt.

Ich werde wohl in den sauren Apfel beißen

müssen, denkt Georg resigniert. Mit zusammengekniffenen Zähnen bestellt er widerwillig Scholle. Nicht einmal der Blick in das tiefe Dekolleté der Bedienung im Dirndl kann seine Stimmung aufhellen. Schweigend wartet er auf sein Essen.

„Einmal Karpfen für die Dame und einmal Schäuferl für den Herren", mit einem freundlichen Lächeln stellt die Bedienung den Teller mit dem herrlich dampfenden Schweinebraten vor Georg ab.

Waltraud ist entrüstet: „Mein Mann hat Scholle bestellt, nicht Schäuferl, das ist der falsche Teller".

Die Bedienung zieht ihren Block heraus und überprüft die Bestellung. „Ich habe Schäuferl verstanden." Sie überlegt: „Ich kann Ihnen Scholle bringen, aber das dauert jetzt mindestens eine halbe Stunde." Sie beugt sich wieder zu Georg herunter: „Vielleicht könnten Sie ja das Schäuferl essen, ist hervorragend, eine Spezialität des Hauses."

Georg verbeißt sich das Lachen und antwortet: „Na gut, bevor meine Frau alleine essen muss, nehme ich halt das Schäuferl." Noch während er das sagt, nimmt er Messer und Gabel zur Hand. Zu seiner Frau aber sagt er: „Dann verzichte ich heute eben mal auf die Torte zum Kaffee." Voller Genuss beißt er auf die knusprige Schwarte und isst in aller Ruhe seinen vorzüglichen Sonntagsbraten. Wieder im Auto unterwegs, schlägt Georg den Weg zu Waltrauds Lieblingscafé ein. Für seine etwas mollige Waltraud sind Kaffee und Torte am Sonntag ein Höhepunkt in ihrem Leben. Georg weiß das natürlich und sagt kein Wort, als sie sich ein großes Stück Schwarzwälder Kirschtorte bestellt. So ist Georg eben.

Er und sein Auto, jeder für sich ein Diplomat.

Unsere Vorlesegschichten als Hörbücher

Peter Krallmann / Uta Kottmann
Ein Fahrrad erzählt
(Hörbuch)
50 Hörgeschichten für Senioren
Sprecher: Charles Brauer
2016. 2 CD (ca. 132 Minuten)
(978-3-497-02579-4)

Peter Krallmann / Uta Kottmann
Ein Koffer voller Erinnerungen
(Hörbuch)
49 Hörgeschichten für Senioren
Sprecher: Charles Brauer
2016. 2 CD (ca. 116 Minuten)
(978-3-497-02578-7)

Astrid McCornell
Wo sich Huhn und Eule gute Nacht sagen (Hörbuch)
Hörgeschichten für Senioren
Sprecherin: Gaby Dohm
2016. 2 CD (ca. 130 Minuten)
(978-3-497-02583-1)

Astrid McCornell
Wenn Huhn und Eule in die Ferne schweifen (Hörbuch)
Hörgeschichten für Senioren
Sprecherin: Gaby Dohm
2016. 2 CD (ca. 133 Minuten)
(978-3-497-02584-8)

reinhardt
www.reinhardt-verlag.de